GW00394145

COLLECTION POÉSIE

PAUL ELUARD

La Vie immédiate

SUIVI DE
La Rose publique
Les Yeux fertiles

ET PRÉCÉDÉ DE
L'Évidence poétique

GALLIMARD

© Éditions Gallimard

La Rose publique : 1935, renouvelé en 1962.

L'Évidence poétique : 1939, enregistré pour l'ouvrage *Donner à voir*, renouvelé en 1966.

La Vie immédiate - Les Yeux fertiles : 1951, enregistré pour l'ouvrage *La Jarre peut-elle être plus belle que l'eau?*

L'Évidence poétique

Fragments d'une conférence prononcée à Londres, le 24 juin 1936, à l'occasion de l'Exposition surréaliste, organisée par Roland Penrose.

Le temps est venu où tous les poètes ont le droit et le devoir de soutenir qu'ils sont profondément enfoncés dans la vie des autres hommes, dans la vie commune.

Au sommet de tout, oui, je sais, ils ont toujours été quelques-uns à nous conter cette baliverne, mais, comme ils n'y étaient pas, ils n'ont pas su nous dire qu'il y pleut, qu'il y fait nuit, qu'on y grelotte, et qu'on y garde la mémoire de l'homme et de son aspect déplorable, qu'on y garde, qu'on y doit garder la mémoire de l'infâme bêtise, qu'on y entend des rires de boue, des paroles de mort. Au sommet de tout, comme ailleurs, plus qu'ailleurs peut-être, pour celui qui. *voit*, le malheur défait et refait sans cesse un monde banal, vulgaire, insupportable, impossible.

Il n'y a pas de grandeur pour qui veut grandir. Il n'y a pas de modèle pour qui cherche ce qu'il n'a jamais vu. Nous sommes tous sur le même rang. Rayons les autres.

N'usant des contradictions que dans un but égalitaire, la poésie, malheureuse de plaire quand elle se satisfait d'elle-même, *s'applique*, depuis toujours,

9

malgré les persécutions de toutes sortes, à refuser de servir un ordre qui n'est pas le sien, une gloire indésirable et les avantages divers accordés au conformisme et à la prudence.

Poésie pure? La force absolue de la poésie purifiera les hommes, tous les hommes. Écoutons Lautréamont : « *La poésie doit être faite par tous. Non par un.* » Toutes les tours d'ivoire seront démolies, toutes les paroles seront sacrées et l'homme, s'étant enfin accordé à la réalité, qui est sienne, n'aura plus qu'à fermer les yeux pour que s'ouvrent les portes du merveilleux.

Le pain est plus utile que la poésie. Mais l'amour, au sens complet, humain du mot, l'amour-passion n'est pas plus utile que la poésie. L'homme, en se plaçant au sommet de l'échelle des êtres, ne peut nier la valeur de ses sentiments, si peu productifs, si antisociaux qu'ils paraissent. « *Il a*, dit Feuerbach, *les mêmes sens que l'animal, mais chez lui la sensation, au lieu d'être relative, subordonnée aux besoins inférieurs de la vie, devient un être absolu, son propre but, sa propre jouissance.*» C'est ici que l'on retrouve la nécessité. L'homme a besoin d'avoir constamment conscience de sa suprématie sur la nature, pour s'en protéger, pour la vaincre.

Il a, jeune homme, la nostalgie de son enfance — homme, la nostalgie de son adolescence — vieillard, l'amertume d'avoir vécu. Les images du poète sont faites d'un objet à oublier et d'un objet à se souvenir. Il projette avec ennui ses prophéties dans le passé. Tout ce qu'il crée disparaît avec l'homme

qu'il était hier. Demain, il connaîtra du nouveau
Mais aujourd'hui manque à ce présent universel.

L'imagination n'a pas l'instinct d'imitation. Elle
est la source et le torrent qu'on ne remonte pas.
C'est de ce sommeil vivant que le jour naît et meurt
à tout instant. Elle est l'univers sans association,
l'univers qui ne fait pas partie d'un plus grand uni-
vers, l'univers sans dieu, puisqu'elle ne ment jamais,
puisqu'elle ne confond jamais ce qui sera avec ce qui
a été. La vérité se dit très vite, sans réfléchir, tout
uniment, et la tristesse, la fureur, la gravité, la joie
ne lui sont que changements de temps, que ciels séduits.

Le poète est celui qui inspire bien plus que celui
qui est inspiré. Les poèmes ont toujours de grandes
marges blanches, de grandes marges de silence où la
mémoire ardente se consume pour recréer un délire
sans passé. Leur principale qualité est non pas, je le
répète, d'invoquer, mais d'inspirer. Tant de poèmes
d'amour sans objet réuniront, un beau jour, des
amants. On rêve sur un poème comme on rêve sur
un être. La compréhension, comme le désir, comme
la haine, est faite de rapports entre la chose à com-
prendre et les autres, comprises ou incomprises.

C'est l'espoir ou le désespoir qui déterminera pour
le rêveur éveillé — pour le poète — l'action de son
imagination. Qu'il formule cet espoir ou ce désespoir
et ses rapports avec le monde changeront immédiate-
ment. Tout est au poète objet à sensations et, par
conséquent, à sentiments. Tout le concret devient alors
l'aliment de son imagination et l'espoir, le désespoir
passent, avec les sensations et les sentiments, au concret

★

Dans la vieille maison du nord de la France qu'habitent les actuels comtes de Sade, l'arbre généalogique qui est peint sur un des murs de la salle à manger n'a qu'une feuille morte, celle de Donatien-Alphonse-François de Sade, qui fut emprisonné par Louis XV, par Louis XVI, par la Convention et par Napoléon. Enfermé pendant trente années, il mourut dans un asile de fous, plus lucide et plus pur qu'aucun homme de son temps. En 1789, celui qui a bien mérité d'être appelé par dérision le Divin Marquis appelait de la Bastille le peuple au secours des prisonniers; en 1793, dévoué pourtant corps et âme à la Révolution, membre de la section des Piques, il se dressait contre la peine de mort, il réprouvait les crimes que l'on commet sans passion, il demeure athée devant le nouveau culte, celui de l'Être Suprême que Robespierre fait célébrer; il veut confronter son génie à celui de tout un peuple écolier de la liberté. A peine sorti de prison, il envoie au Premier Consul le premier exemplaire d'une libelle contre lui.

Sade a voulu redonner à l'homme civilisé la force de ses instincts primitifs, il a voulu délivrer l'imagination amoureuse de ses propres objets. Il a cru que de là, et de là seulement, naîtra la véritable égalité.

La vertu portant son bonheur en elle-même, il s'est efforcé, au nom de tout ce qui souffre, de l'abaisser, de l'humilier, de lui imposer la loi suprême du malheur, contre toute illusion, contre tout mensonge, pour qu'elle puisse aider tous ceux qu'elle réprouve à construire un monde à la taille immense de l'homme. La morale chrétienne, avec laquelle il faut souvent, avec désespoir et honte, s'avouer qu'on n'est pas près d'en finir, est une galère. Contre elle, tous les appétits du corps imaginant s'insurgent. Combien faudra-t-il encore hurler, se démener, pleurer avant que les figures de l'amour deviennent les figures de la facilité, de la liberté?

Écoutez la tristesse de Sade : « *C'est une chose très différente que d'aimer ou que de jouir ; la preuve en est qu'on aime tous les jours sans jouir, et qu'on jouit encore plus souvent sans aimer.* » Et il constate : « *Les jouissances isolées ont donc des charmes, elles peuvent donc en avoir plus que toutes autres ; eh! s'il n'en était pas ainsi, comment jouiraient tant de vieillards, tant de gens ou contrefaits ou pleins de défauts? Ils sont bien sûrs qu'on ne les aime pas, bien certains qu'il est impossible qu'on partage ce qu'ils éprouvent : en ont-ils moins de volupté?* »

Et Sade, justifiant les hommes qui portent la singularité dans les choses de l'amour, s'élève contre tous ceux qui ne le reconnaissent indispensable que pour perpétuer leur sale race : « *Pédants, bourreaux, guichetiers, législateurs, racaille tonsurée, que ferez-vous quand nous en serons là? Que deviendront vos lois, votre morale, votre religion, vos potences, votre paradis, vos Dieux, votre enfer, quand il sera démontré que tel ou tel cours de liqueurs, telle sorte de fibres, tel degré d'âcreté dans le sang ou dans les esprits animaux suffisent à faire d'un homme l'objet de vos peines ou de vos récompenses?* »

C'est son parfait pessimisme qui lui donne la plus froide raison. La poésie surréaliste, la poésie de toujours, n'a jamais obtenu rien d'autre. Ce sont des vérités sombres qui apparaissent dans l'œuvre des vrais poètes, mais ce sont des vérités et presque tout le reste est mensonge. Et qu'on n'essaye pas de nous accuser de contradiction quand nous disons cela, qu'on ne nous oppose pas notre matérialisme révolutionnaire, qu'on ne nous oppose pas que l'homme doit, d'abord, manger. Les plus fous, les plus détachés du monde des poètes que nous aimons, ont peut-être remis la nourriture à sa place, mais cette place était plus haute que toutes, parce que symbolique, parce que totale. Tout y était résorbé.

On ne possède aucun portrait du marquis de Sade. Il est significatif qu'on n'en possède non plus aucun de Lautréamont. Le visage de ces deux écrivains fantastiques et révolutionnaires, les plus désespérément audacieux qui furent jamais, plonge dans la nuit des âges.

Ils ont mené tous deux la lutte la plus acharnée contre les artifices, qu'ils soient grossiers ou subtils, contre tous les pièges que nous tend cette fausse réalité besogneuse qui abaisse l'homme. A la formule : « Vous êtes ce que vous êtes », ils ont ajouté : « Vous pouvez être autre chose ».

Par leur violence, Sade et Lautréamont débarrassent la solitude de tout ce dont elle se pare. Dans la solitude, chaque objet, chaque être, chaque connaissance, chaque image aussi, prémédite de retourner à sa réalité sans devenir, de ne plus avoir de secret à révéler, d'être couvé tranquillement, inutilement par l'atmosphère qu'il crée.

Sade et Lautréamont, qui furent horriblement seuls, s'en sont vengés en s'emparant du triste monde qui leur était imposé. Dans leurs mains : de la terre, du feu, de l'eau, dans leurs mains : l'aride jouissance de la privation, mais aussi des armes, et dans leurs yeux la colère. Victimes meurtrières, ils répondent au calme qui va les couvrir de cendres. Ils brisent, ils imposent, ils terrifient, ils saccagent. Les portes de l'amour et de la haine sont ouvertes et livrent passage à la violence. Inhumaine, elle mettra l'homme debout, vraiment debout, et ne retiendra pas de ce dépôt sur la terre la possibilité d'une fin. L'homme sortira de ses abris et, face à la vaine disposition des charmes et des désenchantements, il s'enivrera de la force de son délire. Il ne sera plus alors un étranger, ni pour lui-même, ni pour les autres. Le surréalisme, qui est un instrument de connaissance et par cela même un instrument aussi bien de conquête que de défense, travaille à mettre au jour la conscience profonde de l'homme. Le surréalisme travaille à démontrer que la pensée est commune à tous, il travaille à réduire les différences qui existent entre les hommes et, pour cela, il refuse de servir un ordre absurde, basé sur l'inégalité, sur la duperie, sur la lâcheté.

Que l'homme se découvre, qu'il se connaisse, et il se sentira aussitôt capable de s'emparer de tous les trésors dont il est presque entièrement privé, de tous les trésors aussi bien matériels que spirituels qu'il entasse, depuis toujours, au prix des plus affreuses souffrances, pour un petit nombre de privilégiés aveugles et sourds à tout ce qui constitue la grandeur humaine.

La solitude des poètes, aujourd'hui, s'efface. Voici qu'ils sont des hommes parmi les hommes, voici qu'ils ont des frères.

Il y a un mot qui m'exalte, un mot que je n'ai jamais entendu sans ressentir un grand frisson, un grand espoir, le plus grand, celui de vaincre les puissances de ruine et de mort qui accablent les hommes, ce mot c'est : fraternisation.

En février 1917, le peintre surréaliste Max Ernst et moi, nous étions sur le front, à un kilomètre à peine l'un de l'autre. L'artilleur allemand Max Ernst bombardait les tranchées où, fantassin français, je montais la garde. Trois ans après, nous étions les meilleurs amis du monde et nous luttons ensemble, depuis, avec acharnement, pour la même cause, celle de l'émancipation totale de l'homme.

En 1925, au moment de la guerre du Maroc, Max Ernst soutenait avec moi le mot d'ordre de fraternisation du Parti communiste français. J'affirme qu'il se mêlait alors de ce qui le regardait, dans la mesure même qu'il avait été obligé, dans mon secteur, en 1917, de se mêler de ce qui ne le regardait pas. Que ne nous avait-il été possible, pendant la guerre, de nous diriger l'un vers l'autre, en nous tendant la main, spontanément, violemment, contre notre ennemi commun : l'Internationale du profit.

« *O vous qui êtes mes frères parce que j'ai des ennemis!* » a dit Benjamin Péret.

Contre ces ennemis, même aux bords extrêmes du découragement, du pessimisme, nous n'avons jamais été complètement seuls. Tout, dans la société actuelle, se dresse, à chacun de nos pas, pour nous humilier, pour nous faire retourner en arrière. Mais nous ne perdons pas de vue que c'est parce que nous sommes le mal, le mal au sens où l'entendait Engels, parce qu'avec tous nos semblables, nous concourons à la ruine de la bourgeoisie, à la ruine de son bien et de son beau.

C'est ce bien, c'est ce beau asservis aux idées de propriété, de famille, de religion, de patrie, que nous combattons ensemble. Les poètes dignes de ce nom refusent, comme les prolétaires, d'être exploités. La poésie véritable est incluse dans tout ce qui ne se conforme pas à cette morale qui, pour maintenir son ordre, son prestige, ne sait construire que des banques, des casernes, des prisons, des églises, des bordels. La poésie véritable est incluse dans tout ce qui affranchit l'homme de ce bien épouvantable qui a le visage de la mort. Elle est aussi bien dans l'œuvre de Sade, de Marx ou de Picasso que dans celle de Rimbaud, de Lautréamont ou de Freud. Elle est dans l'invention de la radio, dans l'exploit du *Tchéliouskine*, dans la révolution des Asturies [1], dans les grèves de France et de Belgique. Elle peut être aussi bien dans la froide nécessité, celle de connaître ou de mieux manger, que dans le goût du merveilleux. Depuis plus de cent ans, les poètes sont descendus des sommets sur lesquels ils se croyaient. Ils sont allés dans les rues, ils ont insulté leurs maîtres, ils n'ont plus de dieux, ils osent embrasser la beauté et l'amour sur la bouche, ils ont appris les chants de révolte de la foule malheureuse et, sans se rebuter, essaient de lui apprendre les leurs.

Peu leur importent les sarcasmes et les rires, ils y sont habitués, mais ils ont maintenant l'assurance de parler pour tous. Ils ont leur conscience pour eux.

1. Depuis, dans la merveilleuse défense du peuple espagnol contre ses ennemis.

La Vie immédiate

(1932)

Que deviens-tu pourquoi ces cheveux blancs et roses
Pourquoi ce front ces yeux déchirés déchirants
Le grand malentendu des noces de radium
La solitude me poursuit de sa rancune.

BELLE ET RESSEMBLANTE

Un visage à la fin du jour
Un berceau dans les feuilles mortes du jour
Un bouquet de pluie nue
Tout soleil caché
Toute source des sources au fond de l'eau
Tout miroir des miroirs brisé
Un visage dans les balances du silence
Un caillou parmi d'autres cailloux
Pour les frondes des dernières lueurs du jour
Un visage semblable à tous les visages oubliés.

LA SAISON DES AMOURS

Par le chemin des côtes
Dans l'ombre à trois pans d'un sommeil agité
Je viens à toi la double la multiple
A toi semblable à l'ère des deltas.

Ta tête est plus petite que la mienne
La mer voisine règne avec le printemps
Sur les étés de tes formes fragiles
Et voici qu'on y brûle des fagots d'hermines.

Dans la transparence vagabonde
De ta face supérieure
Ces animaux flottants sont admirables
J'envie leur candeur leur inexpérience
Ton inexpérience sur la paille de l'eau
Trouve sans se baisser le chemin d'amour

Par le chemin des côtes
Et sans le talisman qui révèle
Tes rires à la foule des femmes
Et tes larmes à qui n'en veut pas.

A PERTE DE VUE
DANS LE SENS DE MON CORPS

Tous les arbres toutes leurs branches toutes leurs
    feuilles
L'herbe à la base les rochers et les maisons en masse
Au loin la mer que ton œil baigne
Ces images d'un jour après l'autre
Les vices les vertus tellement imparfaits
La transparence des passants dans les rues de
    hasard
Et les passantes exhalées par tes recherches obstinées
Tes idées fixes au cœur de plomb aux lèvres vierges
Les vices les vertus tellement imparfaits
La ressemblance des regards de permission avec les
    yeux que tu conquis
La confusion des corps des lassitudes des ardeurs
L'imitation des mots des attitudes des idées
Les vices les vertus tellement imparfaits

L'amour c'est l'homme inachevé.

A PEINE DÉFIGURÉE

Adieu tristesse
Bonjour tristesse
Tu es inscrite dans les lignes du plafond
Tu es inscrite dans les yeux que j'aime
Tu n'es pas tout à fait la misère
Car les lèvres les plus pauvres te dénoncent
Par un sourire
Bonjour tristesse
Amour des corps aimables
Puissance de l'amour
Dont l'amabilité surgit
Comme un monstre sans corps
Tête désappointée
Tristesse beau visage.

Il n'y a pas la première pierre de cette maison dont tu rêvais. Pourtant la première poussière ne s'est jamais posée sur les palais que nous soutenions. Ils avaient des fenêtres doubles, pour nous deux, des lumières constantes et des nuits immenses, ô sentimentale!

PAR UNE NUIT NOUVELLE

Femme avec laquelle j'ai vécu
Femme avec laquelle je vis
Femme avec laquelle je vivrai
Toujours la même
Il te faut un manteau rouge
Des gants rouges un masque rouge
Et des bas noirs
Des raisons des preuves
De te voir toute nue
Nudité pure ô parure parée

Seins ô mon cœur

VERS MINUIT

Des portes s'ouvrent des fenêtres se dévoilent
Un feu silencieux s'allume et m'éblouit
Tout se décide je rencontre
Des créatures que je n'ai pas voulues

Voici l'idiot qui recevait des lettres de l'étranger
Voici l'anneau précieux qu'il croyait en argent
Voici la femme bavarde aux cheveux blancs
Voici la fille immatérielle
Incomplète et laide baignée de nuit et de misère
Fardée de mauves et de pervenches absurdes
Sa nudité sa chasteté sensibles de partout
Voici la mer et des bateaux sur des tables de jeu
Un homme libre un autre homme libre et c'est le
    même
Des animaux enragés devant la peur masquée de
    boue
Des morts des prisonniers des fous tous les absents

Mais toi pourquoi n'es-tu pas là pour m'éveiller

TOUS LES DROITS

Simule
L'ombre fleurie des fleurs suspendues au printemps
Le jour le plus court de l'année et la nuit esquimau
L'agonie des visionnaires de l'automne
L'odeur des roses la savante brûlure de l'ortie
Étends des linges transparents
Dans la clairière de tes yeux
Montre les ravages du feu ses œuvres d'inspiré
Et le paradis de sa cendre
Le phénomène abstrait luttant avec les aiguilles de
    la pendule
Les blessures de la vérité les serments qui ne plient
    pas
Montre-toi

Tu peux sortir en robe de cristal
Ta beauté continue
Tes yeux versent des larmes des caresses des sourires
Tes yeux sont sans secret
Sans limites.

EN EXIL

Elle est triste elle fait valoir
Le doute qu'elle a de sa réalité dans les yeux d'un
    autre.

Plante majeure dans le bain
Végétal travaillé brune ou blonde
A l'extrême fleur de la tête
Sa nudité continuelle

Ses seins de faveurs refusées
Un rire aux cheveux de cytise
Parmi les arbres
L'orage qui défend les siens
Brise les tiges de lumière

C'est elle c'est l'orage aussi
Qui distribue des armes maladroites
Aux herbes aux insectes
Aux dernières chaleurs
Les fumées de l'automne
Les cendres de l'hiver

La perle noire n'est plus rare
Le désir et l'ennui fraternisent
Manège des manies
Tout est oublié
Rien n'est sacrifié
L'odeur des décombres persiste.

Les yeux fermés c'est elle tout entière.

AMOUREUSES

Elles ont les épaules hautes
Et l'air malin
Ou bien des mines qui déroutent
La confiance est dans la poitrine
A la hauteur où l'aube de leurs seins se lève
Pour dévêtir la nuit

Des yeux à casser les cailloux
Des sourires sans y penser
Pour chaque rêve
Des rafales de cris de neige
Des lacs de nudité
Et des ombres déracinées.

Il faut les croire sur baiser
Et sur parole et sur regard
Et ne baiser que leurs baisers

Je ne montre que ton visage
Les grands orages de ta gorge
Tout ce que je connais et tout ce que j'ignore
Mon amour ton amour ton amour ton amour.

LA NÉCESSITÉ

Sans grande cérémonie à terre
Près de ceux qui gardent leur équilibre
Sur cette misère de tout repos
Tout près de la bonne voie
Dans la poussière du sérieux
J'établis des rapports entre l'homme et la femme
Entre les fontes du soleil et le sac à bourdons
Entre les grottes enchantées et l'avalanche
Entre les yeux cernés et le rire aux abois
Entre la merlette héraldique et l'étoile de l'ail
Entre le fil à plomb et le bruit du vent
Entre la fontaine aux fourmis et la culture des fram-
    boises
Entre le fer à cheval et le bout des doigts
Entre la calcédoine et l'hiver en épingles
Entre l'arbre à prunelles et le mimétisme constaté
Entre la carotide et le spectre du sel
Entre l'araucaria et la tête d'un nain
Entre les rails aux embranchements et la colombe
    rousse
Entre l'homme et la femme
Entre ma solitude et toi.

MAUVAISE MÉMOIRE

Les cimes dispersées les oiseaux du soir
Au chevet de la rue
Les échos féminins des baisers
Et dans les abris du désir
La grande obscurité éblouissante des rebelles qui
    s'embrassent.

A pleines mains la pluie
Sous les feuilles sous les lanternes
A plein silence les plâtras des heures
Dans les brouettes du trottoir
Lè temps n'est pas le maître
Il s'affaisse
Comme un rire étudié
Qui dans l'ennui ne germe pas.

L'eau l'ignorante la nuit l'étourdie vont se perdre
La solitude falsifie toute présence
Un baiser encore un baiser un seul
Pour ne plus penser au désert.

AU REVOIR

Devant moi cette main qui défait les orages
Qui défrise et qui fait fleurir les plantes grimpantes
Avec sûreté est-ce la tienne est-ce un signal
Quand le silence pèse encore sur les mares au fond
    des puits tout au fond du matin.

Jamais décontenancée jamais surprise est-ce ta main
Qui jure sur chaque feuille la paume au soleil
Le prenant à témoin est-ce ta main qui jure
De recevoir la moindre ondée et d'en accepter le
    déluge
Sans l'ombre d'un éclair passé
Est-ce ta main ce souvenir foudroyant au soleil.

Prends garde la place du trésor est perdue
Les oiseaux de nuit sans mouvement dans leur parure
Ne fixent rien que l'insomnie aux nerfs assassins
Dénouée est-ce ta main qui est ainsi indifférente
Au crépuscule qui laisse tout échapper.

Toutes les rivières trouvent des charmes à leur enfance
Toutes les rivières reviennent du bain

Les voitures affolées parent de leurs roues le sein des
    places
Est-ce ta main qui fait la roue
Sur les places qui ne tournent plus
Ta main dédaigneuse de l'eau des caresses
Ta main dédaigneuse de ma confiance de mon insou-
    ciance
Ta main qui ne saura jamais me détourner de toi.

LE MAL

Il y eut la porte comme une scie
Il y eut les puissances des murs
L'ennui sans sujet
Le plancher complaisant
Tourné vers la face gagnante refusée du dé
Il y eut les vitres brisées
Les chairs dramatiques du vent s'y déchiraient
Il y eut les couleurs multiformes
Les frontières des marécages
Le temps de tous les jours
Dans une chambre abandonnée une chambre en
    échec
Une chambre vide.

DISPARITION

Ta tête au premier plan
Est fort bien accueillie par la nuit qui s'écroule
Ta tête émerveillée émue
Extrême frémissant
Se compare sans coquetterie
A la foudre globulaire
Pas une goutte de pluie
Les condiments en puissance d'orage
Font que le ciel difforme retourne à ses boissons gelées
Ta tête violemment tendre
Telle une capucine lumineuse
Laisse la terre à ses secrets
Ta tête délicate et faible
Cette grande déshéritée
Où fait-on ce silence qui la persuade
Que sa naissance a prévalu
Pour toujours sur sa vie

Mais tes yeux
Tes yeux ont contredit les puits lunaires
Les échafaudages solaires
Tous les systèmes d'apparitions intermittentes.

NUITS PARTAGÉES

Au terme d'un long voyage, je revois toujours ce corridor, cette taupe, cette ombre chaude à qui l'écume de mer prescrit des courants d'air purs comme de tout petits enfants, je revois toujours la chambre où je venais rompre avec toi le pain de nos désirs, je revois toujours ta pâleur dévêtue qui, le matin, fait corps avec les étoiles qui disparaissent. Je sais que je vais encore fermer les yeux pour retrouver les couleurs et les formes conventionnelles qui me permettent de t'aborder. Quand je les rouvrirai, ce sera pour chercher dans un coin de la pièce l'ombrelle corruptible à manche de pioche qui me fait redouter le beau temps, le soleil, la vie, car je ne t'aime plus au grand jour, car je regrette le temps où j'étais parti à ta découverte et le temps aussi où j'étais aveugle et muet devant l'univers incompréhensible et le système d'entente incohérent que tu me proposais.

N'as-tu pas suffisamment porté la responsabilité de cette candeur qui m'obligeait à toujours retourner tes volontés contre toi ?

Que ne m'as-tu donné à penser ! Maintenant, je ne viens plus te voir que pour être plus sûr du grand mystère que constitue encore l'absurde durée de ma vie, l'absurde durée d'une nuit.

Quand j'arrive, toutes les barques s'en vont, l'orage recule devant elles. Une ondée délivre les fleurs obscures, leur éclat recommence et frappe de nouveau les murs de laine. Je sais, tu n'es jamais sûre de rien, mais l'idée du mensonge, mais l'idée d'une erreur sont tellement au-dessus de nos forces. Il y a si longtemps que la porte têtue n'avait pas cédé, si longtemps que la monotonie de l'espoir nourrissait l'ennui, si long-temps que tes sourires étaient des larmes.

Nous avons refusé de laisser entrer les spectateurs, car il n'y a pas de spectacle. Souviens-toi, pour la solitude, la scène vide, sans décors, sans acteurs, sans musiciens. L'on dit : le théâtre du monde, la scène mondiale et, nous deux, nous ne savons plus ce que c'est. Nous deux, j'insiste sur ces mots, car aux étapes de ces longs voyages que nous faisions séparément, je le sais maintenant, nous étions vraiment ensemble, nous étions vraiment, nous étions, nous. Ni toi, ni moi ne savions ajouter le temps qui nous avait séparés à ce temps pendant lequel nous étions réunis, ni toi, ni moi ne savions l'en soustraire.

Une ombre chacun, mais dans l'ombre nous l'oublions.

La lumière m'a pourtant donné de belles images des négatifs de nos rencontres. Je t'ai identifiée à des êtres dont seule la variété justifiait le nom, toujours le même, le tien, dont je voulais les nommer, des êtres que je transformais comme je te transformais, en pleine lumière, comme on transforme l'eau d'une source en la prenant dans un verre, comme on transforme sa main en la mettant dans une autre. La neige même, qui fut derrière nous l'écran douloureux sur lequel les cristaux des serments fondaient, la neige même était masquée. Dans les cavernes terrestres, des plantes cristallisées cherchaient les décolletés de la sortie.

Ténèbres abyssales toutes tendues vers une confusion éblouissante, je ne m'apercevais pas que ton nom devenait illusoire, qu'il n'était plus que sur ma bouche et que, peu à peu, le visage des tentations apparaissait réel, entier, seul.

C'est alors que je me retournais vers toi.

Réunis, chaque fois à jamais réunis, ta voix comble tes yeux comme l'écho comble le ciel du soir. Je descends vers les rivages de ton apparence. Que dis-tu ? Que tu n'as jamais cru être seule, que tu n'as pas rêvé depuis que je t'ai vue, que tu es comme une pierre que l'on casse pour avoir deux pierres plus belles que leur mère morte, que tu étais la femme d'hier et que tu es la femme d'aujourd'hui, qu'il n'y a pas à te consoler puisque tu t'es divisée pour être intacte à l'heure qu'il est.

Toute nue, toute nue, tes seins sont plus fragiles que le parfum de l'herbe gelée et ils supportent tes épaules. Toute nue. Tu enlèves ta robe avec la plus grande simplicité. Et tu fermes les yeux et c'est la chute d'une ombre sur un corps, la chute de l'ombre tout entière sur les dernières flammes.

Les gerbes des saisons s'écroulent, tu montres le fond de ton cœur. C'est la lumière de la vie qui profite des flammes qui s'abaissent, c'est une oasis qui profite du désert, que le désert féconde, que la désolation nourrit. La fraîcheur délicate et creuse se substitue aux foyers tournoyants qui te mettaient en tête de me désirer. Au-dessus de toi, ta chevelure glisse dans l'abîme qui justifie notre éloignement.

Que ne puis-je encore, comme au temps de ma jeunesse, me déclarer ton disciple, que ne puis-je encore convenir avec toi que le couteau et ce qu'il coupe sont bien accordés. Le piano et le silence, l'horizon et l'étendue.

Par ta force et par ta faiblesse, tu croyais pouvoir concilier les désaccords de la présence et les harmonies de l'absence, une union maladroite, naïve, et la science des privations. Mais, plus bas que tout, il y avait l'ennui. Que veux-tu que cet aigle aux yeux crevés retienne de nos nostalgies?

Dans les rues, dans les campagnes, cent femmes sont dispersées par toi, tu déchires la ressemblance qui les lie, cent femmes sont réunies par toi et tu ne peux leur donner de nouveaux traits communs et elles ont cent visages, cent visages qui tiennent ta beauté en échec.

Et dans l'unité d'un temps partagé, il y eut soudain tel jour de telle année que je ne pus accepter. Tous les autres jours, toutes les autres nuits, mais ce jour-là j'ai trop souffert. La vie, l'amour avaient perdu leur point de fixation. Rassure-toi, ce n'est pas au profit de quoi que ce soit de durable que j'ai désespéré de notre entente. Je n'ai pas imaginé une autre vie, devant d'autres bras, dans d'autres bras. Je n'ai pas pensé que je cesserais un jour de t'être fidèle, puisqu'à tout jamais j'avais compris ta pensée et la pensée que tu existes, que tu ne cesses d'exister qu'avec moi.

J'ai dit à des femmes que je n'aimais pas que leur existence dépendait de la tienne.

Et la vie, pourtant, s'en prenait à notre amour. La vie sans cesse à la recherche d'un nouvel amour, pour effacer l'amour ancien, l'amour dangereux, la vie voulait changer d'amour.

Principes de la fidélité... Car les principes ne dépendent pas toujours de règles sèchement inscrites sur le bois blanc des ancêtres, mais de charmes bien vivants, de regards, d'attitudes, de paroles et des signes de la jeunesse, de la pureté, de la passion. Rien de tout cela ne s'efface.

Je m'obstine à mêler des fictions aux redoutables réalités. Maisons inhabitées, je vous ai peuplées de femmes exceptionnelles, ni grasses, ni maigres, ni blondes, ni brunes, ni folles, ni sages, peu importe, de femmes plus séduisantes que possibles, par un détail. Objets inutiles, même la sottise qui procéda à votre fabrication me fut une source d'enchantements. Êtres indifférents, je vous ai souvent écoutés, comme on écoute le bruit des vagues et le bruit des machines d'un bateau, en attendant délicieusement le mal de mer. J'ai pris l'habitude des images les plus inhabituelles. Je les ai vues où elles n'étaient pas. Je les ai mécanisées comme mes levers et mes couchers. Les places, comme des bulles de savon, ont été soumises au gonflement de mes joues, les rues à mes pieds l'un devant l'autre et l'autre passe devant l'un, devant deux et fait le total, les femmes ne se déplaçaient plus que couchées, leur corsage ouvert représentant le soleil. La raison, la tête haute, son carcan d'indifférence, lanterne à tête de fourmi, la raison, pauvre mât de fortune pour un homme affolé, le mât de fortune du bateau... voir plus haut.

Pour me trouver des raisons de vivre, j'ai tenté de détruire mes raisons de t'aimer. Pour me trouver des raisons de t'aimer, j'ai mal vécu.

Au terme d'un long voyage, peut-être n'irai-je plus vers cette porte que nous connaissons tous deux si bien, je n'entrerai peut-être plus dans cette chambre où le désespoir et le désir d'en finir avec le désespoir m'ont tant de fois attiré. A force d'être un homme incapable de surmonter son ignorance de lui-même et du destin, je prendrai peut-être parti pour des êtres différents de celui que j'avais inventé.

A quoi leur servirai-je?

LA FIN DU MONDE

à André Breton.

Les yeux cernés à la façon des châteaux dans leur ruine
Une bure de ravins entre elle et son dernier regard
Par un temps délicieux de printemps
Quand les fleurs fardent la terre
Cet abandon de tout
Et tous les désirs des autres à son gré
Sans qu'elle y songe
Sa vie aucune vie sinon la vie
Sa poitrine est sans ombre et son front ne sait pas
Que sa chevelure ondulée le berce obstinément.

Des mots quels mots noir ou Cévennes
Bambou respire ou renoncule
Parler c'est se servir de ses pieds pour marcher
De ses mains pour racler les draps comme un mourant
Les yeux ouverts sont sans serrure
Sans effort on a la bouche et les oreilles
Une tache de sang n'est pas un soleil accablant
Ni la pâleur une nuit sans sommeil qui s'en va.

La liberté est plus incompréhensible encore que la
    visite du médecin

De quel médecin une chandelle dans le désert
Au fond du jour la faible lueur d'une chandelle
L'éternité a commencé et finira avec le lit
Mais pour qui parles-tu puisque tu ne sais pas
Puisque tu ne veux pas savoir
Puisque tu ne sais plus
Par respect
Ce que parler veut dire.

HOUX DOUZE ROSES

La hache la façon de tenir un verre brisé
La négation d'une fausse note les clous les fards
Le sens commun les algues les ravins l'éloge tout ou
    rien
La pourriture astrale et le reflet de son délire
La lune de rosée et beaucoup d'animaux gaillards
Dans cette ville disparue dans cette ville camarade
L'orage vagabond ses prunelles éclatées son feu virtuel
Le brassage des graines des germes et des cendres
Coin des Acacias masqué d'odeurs le sable fait la
    moue.

Lune la feuille fleur le sein et les paupières lourdes
Les longs baisers de la balafrée aux cheveux pâles
Qui m'accompagne toujours qui n'est jamais seule
Qui m'oppose le flot des non quand les oui ne pleuvent
    pas
Elle a pour elle sa faiblesse machinale
Les gémissements incessants de l'amour
L'introuvable gorgée d'eau vive
La décevante gorgée d'eau neuve
Elle a pour elle les premières et les dernières fumées

Légères les fourrures mortes de chaleur
Le sang des crimes qui défait les statues négatives
Elle est pâle et blessée et taciturne
Elle est d'une grande simplicité artificielle
Velours insondable vitrine éblouie
Poudre impalpable au seuil des brises du matin
Toutes les images obscures
Perdues dans l'étendue de sa chevelure diurne.

RÉCITATION

à René Crevel.

La vertu ce cornet des fortunes
Auditivement les vocations l'estime l'ambition
Rase les têtes confrontées
Plutôt s'armer
Contre le sycomore feuilleté et le couteau.

Dans son armure insensibilisée
Dans son armure qui ne résonne sans fausse honte
Qu'à partir du dernier baiser
Le pirate celui qui n'a pas de plume au bonnet
Celui qui provoque l'aboiement des corbeaux
Le pirate l'ennui l'ennemi des attentes sous la pluie
Le réveille-matin à maintien de religieuse
A contenance d'huile
Le réveille-matin qui fait des copeaux du dormeur
Et ne lui laisse que le temps de ne pas s'habiller.

Des semaines et des mois et des années de semailles
Par des chemins qu'on ne touche même pas de la
    canne
Une cervelle sabotée par les germes de mauvaise
    volonté

On ne pleure pas et si l'on ne pleure pas c'est que
le feu
Gâche le plâtre qui maintient le regard dans ses rives
Dessèche tout passe par la porte animale s'affole.

Au delà du feu il n'y a pas la cendre
Au delà de la cendre il y a le feu.

Des éventaires écornés d'athlète mugissent sous la
pluie
Ils réclament aux coquettes des rires tous les pavés
du rire
Et des gourmettes de courtoisie pour enchaîner le
poncif
La poussière fouille plus avant dans les poches
Mais elle n'arrivera qu'après la boue
Pour célébrer cette vertu qui n'est pas de moi.

Au delà du feu il n'y a pas la cendre
Au delà de la cendre il y a le feu.

LES SEMBLABLES

Je change d'idée
A suivre les brises de fil fin
A suivre tes jambes tes mains tes yeux .
La robe habile qui t'invente
Pour que tu la remplaces.

Je change d'idée
Tu passes dans la rue
Dans un ouragan de soleil
Je te rencontre je m'arrête
Je suis jeune tu t'en souviens.

Je change d'idée
Ta bouche est absente
Je ne te parle plus tu dors
Il y a des feux de terreur dans ta nuit
Un champ de larmes claires dans tes rêves
Nous ne sommes pas tristes ensemble
Je t'oublie.

Je change d'idée
Tu ne peux pas dormir

Sur des échelles nonchalantes
Interminablement
Entre la fleur et le fruit
Dans l'espace
Entre la fleur et le fruit
Tu cherches le sommeil
La première gelée blanche
Et tu m'oublies.

Je change d'idée
Tu ris tu joues tu es vivante
Et curieuse un désert se peuplerait pour toi
Et j'ai confiance.

Fini
Je n'ai jamais pu t'oublier
Nous ne nous quitterons jamais
Il faut donner à la sécurité
La neige paysanne la meule à ruines
Une mort convenable
Le jour en pure perte noie les étoiles
A la pointe d'un seul regard
De la même contemplation
Il faut brûler le sphinx qui nous ressemble
Et ses yeux de saison
Et ses mousses de solitude.

LA FACILITÉ EN PERSONNE

Ta douceur tes défaites ta fierté de velours
La géographie légendaire de tes regards de tes caresses
L'orgue des contagions
Des mélanges de l'œil et des mains
De la neige et des herbes
Du printemps et des herbes
Des mouvements secrets de la mer sous la pluie
Du silence et de ta candeur magnétique
Du vent qui prend le goût de la jeunesse
Et des baisers donnés de loin

Du vent qui te donne la main sous tes habits.

OBJET DES MOTS

I

Une nouvelle surface sensiblement nulle
Fort bien accueillie
A parcourir en été
Sans trop penser
Aux perles bleues parmi des oreilles emplumées
Dans le champ d'une loupe.

II

La balle
Qui n'est pas viable
Glisse le long du bras
Sans faire mal
Comme un plaisir indispensable
Comme une épreuve reproduite trop souvent
Par temps de rêve.

A la dernière extrémité
Un ancien feu de dixième ordre
Frappe à coups redoublés une mésange sanguinaire
Minuscule étonnée avide de ses semblables
De la pierre entassée

La pauvre bête va s'éteindre.

Il faut bien s'avouer
Qu'il n'y a pas un seul élément
Étranger à la précipitation des carillons établis
Ni des mets en bon état
Qui falsifient le cours des catastrophes.

Une très belle fleur
Entièrement décomposée
Sort de la correction du zootrope
Comme un rire qui atteint le corps tout entier
Sans bouger.

YVES TANGUY

Un soir tous les soirs et ce soir comme les autres
Près de la nuit hermaphrodite
A croissance à peine retardée
Les lampes et leur venaison sont sacrifiées
Mais dans l'œil calciné des lynx et des hiboux
Le grand soleil interminable
Crève-cœur des saisons
Le corbeau familial
La puissance de voir que la terre environne.

Il y a des étoiles en relief sur eau froide
Plus noires que la nuit
Ainsi sur l'heure comme une fin l'aurore
Toutes illusions à fleur de mémoire
Toutes les feuilles à l'ombre des parfums.

Et les filles des mains ont beau pour m'endormir
Cambrer leur taille ouvrir les anémones de leurs seins
Je ne prends rien dans ces filets de chair et de frissons
Du bout du monde au crépuscule d'aujourd'hui
Rien ne résiste à mes images désolées.

En guise d'ailes le silence a des plaines gelées
Que le moindre désir fait craquer
La nuit qui se retourne les découvre
Et les rejette à l'horizon.

Nous avions décidé que rien ne se définirait
Que selon le doigt posé par hasard sur les commandes
    d'un appareil brisé.

SALVADOR DALI

C'est en tirant sur la corde des villes en fanant
Les provinces que le délié des sexes
Accroît les sentiments rugueux du père
En quête d'une végétation nouvelle
Dont les nuits boule de neige
Interdisent à l'adresse de montrer le bout mobile de
    son nez.

C'est en lissant les graines imperceptibles des désirs
Que l'aiguille s'arrête complaisamment
Sur la dernière minute de l'araignée et du pavot
Sur la céramique de l'iris et du point de suspension
Que l'aiguille se noue sur la fausse audace
De l'arrêt dans les gares et du doigt de la pudeur.

C'est en pavant les rues de nids d'oiseaux
Que le piano des mêlées de géants
Fait passer au profit de la famine
Les chants interminables des changements de gran-
    deur
De deux êtres qui se quittent.

C'est en acceptant de se servir des outils de la rouille
En constatant nonchalamment la bonne foi du métal
Que les mains s'ouvrent aux délices des bouquets
Et autres petits diables des villégiatures
Au fond des poches rayées de rouge.

C'est en s'accrochant à un rideau de mouches
Que la pêcheuse malingre se défend des marins
Elle ne s'intéresse pas à la mer bête et ronde comme
    une pomme
Le bois qui manque la forêt qui n'est pas là
La rencontre qui n'a pas lieu et pour boire
La verdure dans les verres et la bouche qui n'est faite
Que pour pleurer une arme le seul terme de compa-
    raison
Avec la table avec le verre avec les larmes
Et l'ombre forge le squelette du cristal de roche.

C'est pour ne pas laisser ces yeux les nôtres vides
    entre nous
Qu'elle tend ses bras nus
La fille sans bijoux la fille à la peau nue
Il faudrait bien par-ci par-là des rochers des vagues
Des femmes pour nous distraire pour nous habiller
Ou des cerises d'émeraudes dans le lait de la rosée.

Tant d'aubes brèves dans les mains
Tant de gestes maniaques pour dissiper l'insomnie
Sous la rebondissante nuit du linge
Face à l'escalier dont chaque marche est le plateau
    d'une balance
Face aux oiseaux dressés contre les torrents
L'étoile lourde du beau temps s'ouvre les veines.

MAX ERNST

A l'âge de la vie
Tout jeté partout
Tout semblait disparate
Une bouteille d'excellent sirop un bouquet de vio-
lettes
Il y en a de toutes sortes
D'inoffensifs cailloux un lac frappant de vérité
Le front collé contre le mur suit les nuages
Ce n'est pas à présent que tout espoir est mort
Il y a plus longtemps
Les yeux éteints par le jour fastidieux resplendissent
le soir.

*Lorsque le monstre se sentit frappé il prêta le visage au
contremaître comme un homme en colère qui eût voulu faire
un appel. Son courage s'était émoussé.*
Puis viennent le second et le troisième ballon d'essai.
*Bon mot — Il vaudrait mieux ne point récompenser une
belle action que de la récompenser mal. Un soldat avait eu
les deux bras emportés dans un combat. Son colonel lui offrit
un écu. Le soldat lui répondit : Vous croyez sans doute mon
colonel que je n'ai perdu qu'une paire de gants.*

L'oreille au fond des têtes sans humour
Calligraphie son bonheur
La lettre enlaidit le mot

La nudité de la femme est plus sage que l'enseignement du
   philosophe.
Elle ne demande pas qu'on la considère.
Des sifflets des cris des chuchotements
Des bourgeons de colère des pelures de rire
Mêlés aux battements des mains dans les vitres inter-
   cédentes.
Chargent la nudité des longues des lourdes chaînes du
   cœur.

Comme un oiseau s'étend dans la fumée
Le rappel des paroles claires
Trace en tremblant des frondaisons de charmes
Des broderies de chair des fusées de mouvements
Le délice d'aller vers des êtres oubliés
Par des chemins inoubliables.

LE BÂILLON SUR LA TABLE

Ancien acteur qui joue des pièces d'eau
De vieilles misères bien transparentes
Le doux fer rouge de l'aurore
Rend la vue aux aveugles
J'assiste au lever des murs
A la lutte entre la faiblesse et la fatigue
A l'hiver sans phrases.

Les images passées à leur manière sont fidèles
Elles imaginent la fièvre et le délire
Tout un dédale où ma main compliquée s'égare
J'ai été en proie il y a longtemps
A des hallucinations de vertus
Je me suis vu pendu à l'arbre de la morale
J'ai battu le tambour de la bonté
J'ai modelé la tendresse
J'ai caressé ma mère

J'ai dormi toute la nuit
J'ai perdu le silence
Voici les voix qui ne savent plus que ce qu'elles
    taisent

Et voici que je parle
Assourdi j'entends pourtant ce que je dis

En m'écoutant j'instruis.

LA VUE

à *Benjamin Péret.*

A l'heure où apparaissent les premiers symptômes de
la viduité de l'esprit
On peut voir un nègre toujours le même
Dans une rue très passante arborer ostensiblement
une cravate rouge
Il est toujours coiffé du même chapeau beige
Il a le visage de la méchanceté il ne regarde personne
Et personne ne le regarde.

Je n'aime ni les routes ni les montagnes ni les forêts
Je reste froid devant les ponts
Leurs arches ne sont pas pour moi des yeux je ne me
promène pas sur des sourcils
Je me promène dans les quartiers où il y a le plus de
femmes
Et je ne m'intéresse alors qu'aux femmes
Le nègre aussi car à l'heure où l'ennui et la fatigue
Deviennent les maîtres et me font indifférent à mes
désirs
A moi-même
Je le rencontre toujours
Je suis indifférent il est méchant

Sa cravate doit être en fer forgé peint au minium
Faux feu de forge
Mais s'il est là par méchanceté
Je ne le remarque que par désœuvrement.

Un évident besoin de ne rien voir traîne les ombres
Mais le soir titubant quitte son nid
Qu'est-ce que ce signal ces signaux ces alarmes
On s'étonne pour la dernière fois
En s'en allant les femmes enlèvent leur chemise de
  lumière
De but en but un seul but nul ne demeure
Quand nous n'y sommes plus la lumière est seule.

Le grenier de carmin a des recoins de jade
Et de jaspe si l'œil s'est refusé la nacre
La bouche est la bouche du sang
Le sureau tend le cou pour le lait du couteau
Un silex a fait peur à la nuit orageuse
Le risque enfant fait trébucher l'audace
Des pierres sur le chaume des oiseaux sur les tuiles
Du feu dans les moissons dans les poitrines
Joue avec le pollen de l'haleine nocturne
Taillée au gré des vents l'eau fait l'éclaboussée
L'éclat du jour s'enflamme aux courbes de la vague
Et dans son corset noir une morte séduit
Les scarabées de l'herbe et des branchages morts.

Parmi tant de passants.

POUR UN MOMENT DE LUCIDITÉ

à René Char.

Les rapaces
A boire
Le sang paisible
Le sang gourmand
Les mal vêtues à la robe de flammes
Dévastation des charmes
Des sourires à la lance des toilettes
Aux boucliers de la tête légère
De l'orage
Tout est permis
A la rencontre des halos
A la promenade sans espoir
Tourbillons innombrables
Sur les seins découverts.

Morts inhumains
Oubli
Morts invisibles
Prunelle aveugle impérissable
Alliée à ce qu'elle devrait voir

Un nuage lui dévoile
La nuit qui s'est faite sans elle.

A boire
Le jour au fond d'une serrure.

Maison déserte

        abominables

Maisons

        pauvres

Maisons
Comme des livres vides.

LE MIRAGE

Est-ce dit
Le regard de torture
Le regard plus inquiet qu'un rat chez les bêtes
Inquiet d'une femme cachée
Refusée
Qui ressemble à ce que je n'écris pas.

LA LOI SOMPTUAIRE

Sitôt rompu
L'arc
Aux ordures.

La seule invention de l'homme
Son tombeau.

LA DERNIÈRE MAIN

Sur la tribune la main droite détachée du corps
Dévoile les clichés
La main droite répand des ailes
Fuit vers la mer avec les animaux
La main droite modeste
Modeste sans trembler modestement la modestie
Fuit les cadres d'étoiles les dragons
Qui dorment en terre et dans les champs arides.

Architecturale à détruire
La main droite s'affaiblit
Frappée de stérilité
A la lumière crue de la mémoire
Elle favorise l'imitation

Et la reproduction des chairs.

QUELQUE BONTÉ

Brisant le moule de la nécessité
Le sommeil assiège le jour
Vite un abri dans la forêt
Estime de futaie ravins sentiers à la débandade
Et les pierres et les déserts les taches du soleil
Et la couleur le charbon l'air glacé

Vite l'amie ardente qui se révère mal tournée
Vite les nuits d'entente.

DORS

Il faut que j'éclaircisse aujourd'hui l'espèce de réussite que sont mes rêves, et je dis réussite parce que de me coucher auprès d'un être nouveau, dans des lieux aussi inattendus, aussi répugnants que sont, par exemple, une cuisine ou une salle de musée, me fait entrevoir les limites de la vie, ne me laisse rien à subir que la mort.

Une femme très jeune, très malheureuse, ayant pour elle la beauté crépusculaire des êtres qui se donnent, qui s'abandonnent parce qu'ils perdront ainsi celui qui les recevra. Ayant pour elle la beauté crépusculaire des êtres dont l'innocence est absolue parce qu'ils ne calculent pas ce qu'ils ont vécu, ni ce qu'il leur reste à vivre. Elle est là pour me recevoir, moi et cette innocence que je n'ai pas perdue, puisque je dors, puisque je suis à la merci d'un amour qui n'est pas nouveau, mais éternel, le maître de moi-même, de la naissance à la mort de la nuit.

Serments sans raison, tout étant déjà juré. Plus de soucis. Sérieux sans soucis, sans serments. Nous ne rions pas, parce que nous n'avons pas à nous défendre. Nous nous aimons parmi les déchets de la vie éveillée : salles d'école, querelles, l'argent menaçant, présences habituelles, la cuisine, la table, le travail, les voyages, les habits. Et même la nudité ne nous éblouit pas, il n'y a plus effort pour que la lumière ne soit pas troublée par elle-même, pour que le ciel gris ne se fonde en aucun ciel bleu. Cette fille que je découvre en m'endormant, comme une étoile noire dans l'oubli du jour, ne connaît d'elle-même que ce que j'ignore de moi. Sa chair très douce répond du plaisir qu'elle prend à mes caresses, mais n'en répond que du haut de sa vertu. Ni ne gagne, ni ne perd, ni ne risque, ni n'est certaine. La volonté n'est plus le masque qu'on enlève, ni les yeux qui s'ouvrent. Elle ne me demande pas d'abdiquer, ni de tenir. Je suis livré, vraiment livré, à la réalité d'un miroir qui ne reflète pas mon apparence. Livré à ses désirs. Je me suppose la proie. Sans hier ni lendemain. Ce visage pur recommence.

Le plus grand jour de ma vie, toujours.

NUSCH

Les sentiments apparents
La légèreté d'approche
La chevelure des caresses.

Sans soucis sans soupçons
Tes yeux sont livrés à ce qu'ils voient
Vus par ce qu'ils regardent.

Confiance de cristal
Entre deux miroirs
La nuit tes yeux se perdent
Pour joindre l'éveil au désir.

PARDON

Elle me faisait déjeuner sous la table
Histoire sous un nuage

Espoir espoir absolu
Enfance où le froid louvoyant tracassait la campagne

L'asphyxie était sur les toits
Lavande
Toute l'étendue de la femme

Elle était éteinte soumise
Fidèle
Facile muette appauvrie
Par mes rêves.

Le jour buvait tous les poisons du soir.

TOURNANTS D'ARGILE

Autres danses insensées autres pas en miettes
Robes déchirées parquets rompus
Les convolvulus de l'air débordent de chaleur
Des myriades de chaises encombrent les paradis
Où se débattent les amants
La fuite de l'espèce
Par les couloirs des tentations
Le comique en perd la tête
Le ciel
Le ciel est un dé à coudre.

La résistance des poitrines
La résistance des chevelures
Et ses serviteurs avilis
Aux couteaux bons pour les poitrines
Aux couteaux bons pour les chevelures
Le lent troupeau de leur éclat
Couvre la plaine délirante
Tout hommage rendu.

Sur les plages d'un cri
Le tympan met une sourdine aux derniers serments.

SOUVENIR AFFECTUEUX

Il y eut un grand rire triste
La pendule s'arrêta
Une bête fauve sauvait ses petits.

Rires opaques dans des cadres d'agonie
Autant de nudités tournant en dérision leur pâleur
Tournant en dérision
Les yeux vertueux du phare des naufrages.

PEU DE VERTU

Mains agitées aux grimaces nouées
Une grimace en fait une autre
L'autre est nocturne le temps passe
Ouvrir des boîtes casser des verres creuser des trous
Et vérifier les formes inutiles du vide
Mains lasses retournant leurs gants
Paupières des couleurs parfaites
Coucher n'importe où
Et garder en lieu sûr
Le poison qui se compose alors
Dans le calme mais mourir

LE TEMPS D'UN ÉCLAIR

Elle n'est pas là.

La femme au tablier guette la pluie aux vitres
En spectacle tous les nuages jouent au plus fin
Une fillette de peu de poids
Passée au bleu
Joue sur un canapé crevé
Le silence a des remords.

J'ai suivi les murs d'une rue très longue
Des pierres des pavés des verdures
De la terre de la neige du sable
Des ombres du soleil de l'eau
Vie apparente

Sans oublier qu'elle était là
A promener un grand jardin
A becqueter un mûrier blanc
La neige de ses rires stérilisait la boue
Sa démarche était vierge.

UNE POUR TOUTES

Une ou plusieurs
L'azur couché sur l'orage
La neige sur les oiseaux
Les bruits de la peur dans les bois revêches

Une ou plusieurs
Dans les coques de glaise on a semé des corbeaux
Aux ailes fanées au bec de tremblement de terre
Ils ont cueilli les fantastiques roses rousses de l'orage

Une ou plusieurs
La collerette du soleil
L'immense fraise du soleil
Sur le goulot d'une clairière

Une ou plusieurs
Plus sensibles à leur enfance
Qu'à la pluie et au beau temps
Plus douces à connaître
Que le sommeil en pente douce
Loin de l'ennui

Une ou plusieurs
Dans des miroirs câlins
Où leur voix le matin se déchire comme un linge

Une ou plusieurs
Faites de pierre qui s'effrite
Et de plume qui s'éparpille
Faites de ronces faites de lin d'alcool d'écume
De rires de sanglots de négligences de tourments ridi-
    cules
Faites de chair et d'yeux véritables sans doute

Une ou plusieurs
Avec tous leurs défauts tous leurs mérites
Des femmes

Une ou plusieurs
Le visage ganté de lierre
Tentantes comme du pain frais
Toutes les femmes qui m'émeuvent
Parées de ce que j'ai souhaité
Parées de calme et de fraîcheur
Parées de sel d'eau de soleil
De tendresse d'audace et de mille caprices
De mille chaînes

Une ou plusieurs
Dans tous mes rêves
Une nouvelle fleur des bois

Fleur barbare aux pistils en fagot
Qui s'ouvre dans le cercle ardent de ses délires
Dans la nuit meurtrie

Une ou plusieurs

Une jeunesse à en mourir
Une jeunesse violente inquiète et saturée d'ennui
Qu'elle a partagé avec moi
Sans se soucier des autres.

A TOUTE ÉPREUVE

L'UNIVERS-SOLITUDE

I

Les fruits du jour couvés par la terre
Une femme une seule ne dort pas
Les fenêtres sont couchées.

II

Une femme chaque nuit
Voyage en grand secret.

III

Villages de la lassitude
Où les filles ont les bras nus
Comme des jets d'eau
La jeunesse grandit en elles
Et rit sur la pointe des pieds.

Villages de la lassitude
Où tous les êtres sont pareils.

IV

Pour voir les yeux où l'on s'enferme
Et les rires où l'on prend place.

V

Des insectes entrent ici
Ombres grésillantes du feu
Une flamme toute rouillée
Éclabousse le sommeil
Son lit de chair et ses vertus.

VI

Je veux t'embrasser je t'embrasse
Je veux te quitter tu t'ennuies
Mais aux limites de nos forces
Tu revêts une armure plus dangereuse qu'une arme.

VII

La montagne la mer et la belle baigneuse
Dans la maison des pauvres
Sur le ciel fané qui leur tient lieu d'ombrage
Se dissimulent mille et mille lampes sombres.

Un champ de reflets joint les larmes
Ferme les yeux
Tout est comblé.

A la suite des images
La masse de la lumière roule vers d'autres rêves.

VIII

Le corps et les honneurs profanes
Incroyable conspiration
Des angles doux comme des ailes

— Mais la main qui me caresse
C'est mon rire qui l'ouvre
C'est ma gorge qui la retient
Qui la supprime.

Incroyable conspiration
Des découvertes et des surprises.

IX

Fantôme de ta nudité
Fantôme enfant de ta simplicité
Dompteur puéril sommeil charnel
De libertés imaginaires.

X

Plume d'eau claire pluie fragile
Fraîcheur voilée de caresses
De regards et de paroles
Amour qui voile ce que j'aime.

XI

A ce souffle à ce soleil d'hier
Qui joint tes lèvres
Cette caresse toute fraîche
Pour courir les mers légères de ta pudeur
Pour en façonner dans l'ombre
Les miroirs de jasmin
Le problème du calme.

XII

Une chanson de porcelaine bat des mains
Puis en morceaux mendie et meurt
Tu te souviendras d'elle pauvre et nue
Matin des loups et leur morsure est un tunnel
D'où tu sors en robe de sang
A rougir de la nuit
Que de vivants à retrouver
Que de lumières à éteindre
Je t'appellerai Visuelle
Et multiplierai ton image.

XIII

Désarmée
Elle ne se connaît plus d'ennemis.

XIV

Rôdeuse au front de verre
Son cœur s'inscrit dans une étoile noire
Ses yeux montrent sa tête

Ses yeux sont la fraîcheur de l'été
La chaleur de l'hiver
Ses yeux s'ajourent rient très fort
Ses yeux joueurs gagnent leur part de clarté.

XV

Elle s'allonge
Pour se sentir moins seule.

XVI

Il fait clair je me suis couvert
Comme pour sortir du jour

Colère sous le signe atroce
De la jalousie l'injustice
La plus savante

Fais fuir ce ciel sombre
Casse ses vitres
Donne-les à manger aux pierres

Ce faux ciel sombre
Impur et lourd.

XVII

J'admirais descendant vers toi
L'espace occupé par le temps
Nos souvenirs me transportaient

Il te manque beaucoup de place
Pour être toujours avec moi.

XVIII

Déchirant ses baisers et ses peurs
Elle s'éveille la nuit
Pour s'étonner de tout ce qui l'a remplacée.

XIX

Au quai de ces ramures
Les navigateurs ne prospèrent pas
Paupières abattues par l'éclat l'écho du feu
Au quai des jambes nues
Perçant le corps dans l'ombre sourde
La trace des tentations s'est perdue.

97

Les fleuves ne se perdent qu'au pays de l'eau
La mer s'est effondrée sous son ciel de loisirs
Assise tu refuses de me suivre
Que risques-tu l'amour fait rire la douleur
Et crier sur les toits l'impuissance du monde.

La solitude est fraîche à ta gorge immobile
J'ai regardé tes mains elles sont semblables
Et tu peux les croiser
Tu peux t'attacher à toi-même

C'est bien — puisque tu es la seule je suis seul.

XX

Une prison découronnée
En plein ciel
Une fenêtre enflammée
Où la foudre montre ses seins
Une nuit toute verte
Nul ne sourit dans cette solitude
Ici le feu dort tout debout
A travers moi.

Mais ce sinistre est inutile
Je sais sourire
Tête absurde
Dont la mort ne veut pas dessécher les désirs
Tête absolument libre
Qui gardera toujours et son regard et son sourire.

Si je vis aujourd'hui
Si je ne suis pas seul
Si quelqu'un vient à la fenêtre
Et si je suis cette fenêtre
Si quelqu'un vient
Ces yeux nouveaux ne me voient pas
Ne savent pas ce que je pense
Refusent d'être mes complices

Et pour aimer séparent.

XXI

A la clarté du droit de mort
Fuite à visage d'innocent.

Au long d'une brume aux branches filantes
Au long des étoiles fixes
Les éphémères règnent.

Le temps la laine de l'ivoire
Roulant sur une route de cire.

XXII

Derrière moi mes yeux se sont fermés
La lumière est brûlée la nuit décapitée

Des oiseaux plus grands que les vents
Ne savent plus où se poser.

Dans les tourments infirmes dans les rides des rires
Je ne cherche plus mon semblable
La vie s'est affaissée mes images sont sourdes
Tous les refus du monde ont dit leur dernier mot
Ils ne se rencontrent plus ils s'ignorent
Je suis seul je suis seul tout seul
Je n'ai jamais changé.

CONFECTIONS

I

La simplicité même écrire
Pour aujourd'hui la main est là.

II

Il est extrêmement touchant
De ne pas savoir s'exprimer
D'être trop évidemment responsable
Des erreurs d'un inconnu
Qui parle une langue étrangère
D'être au jour et dans les yeux fermés
D'un autre qui ne croit qu'à son existence.

Les merveilles des ténèbres à gagner
D'être invisibles mais libératrices
Tout entières dans chaque tête
Folles de solitude

Au déclin de la force et de la forme humaine
Et tout est dans la tête
Aussi bien la force mortelle que la forme humaine
Et tout ce qui sépare un homme de lui-même
La solitude de tous les êtres.

III

Il faut voir de près
Les curieux
Quand on s'ennuie.

IV

La violence des vents du large
Des navires de vieux visages
Une demeure permanente
Et des armes pour se défendre
Une plage peu fréquentée
Un coup de feu un seul
Stupéfaction du père
Mort depuis longtemps.

V

Sans en être très fier en évitant mes yeux
Cet abandon sans découvrir un grief oublié

En évitant mes yeux il abaisse
Les verres sur ses yeux
L'animal abandonne sa proie
Sa tête remue comme une jambe
Elle avance elle recule
Elle fixe les limites du rire
Dégrafe les parterres de la dérision
Toutes les choses semblables.

VI

Par-dessus les chapeaux
Un régiment d'orfraies passe au galop
C'est un régiment de chaussures
Toutes les collections des fétichistes déçus
Allant au diable.

VII

Des cataclysmes d'or bien acquis
Et d'argent mal acquis.

VIII

Tous ces gens mangent
Ils sont gourmands ils sont contents
Et s'ils rient ils mangent plus.

IX

Je dénonce un avocat je lui servirai d'accusé
Je règne à tout jamais dans un tunnel.

X

Alors
L'eau naturelle
Elle se meurt près des villas

Le patron pourrait parler à son fils qui se tait
Il ne parle pas tous les jours

Le tout valable pour vingt minutes
Et pour quatre personnes
Vous enlève l'envie de rire

Le fils passe pour un ivrogne.

XJ

Les oiseaux parfument les bois
Les rochers leurs grands lacs nocturnes.

XII

Gagner au jeu du profil
Qu'un oiseau reste dans ses ailes.

XIII

A l'abri des tempêtes une vague fume dans le soir.

XIV

Une barre de fer rougie à blanc attise l'aubépine.

XV

Par leur intelligence et leur adresse
Une existence normale

Par leur étrange goût du risque
Un chemin mystérieux

A ce jeu dangereux
L'amertume meurt à leurs pieds.

XVI

Pourquoi les fait-on courir
On ne les fait pas courir
L'arrivée en avance
Le départ en retard

Quel chemin en arrière
Quand la lenteur s'en mêle

Les preuves du contraire
Et l'inutilité.

XVII

Une limaille d'or un trésor une flaque
De platine au fond d'une vallée abominable
Dont les habitants n'ont plus de mains
Entraîne les joueurs à sortir d'eux-mêmes.

XVIII

Immobile
J'habite cette épine et ma griffe se pose
Sur les seins délicieux de la misère et du crime.

XIX

Le salon à la langue noire lèche son maître
Il l'embaume il lui tient lieu d'éternité.

XX

Le passage de la Bérésina par une femme rousse à
grandes mamelles.

XXI

Il la prend dans ses bras
Lueurs brillantes un instant entrevues
Aux omoplates aux épaules aux seins
Puis cachées par un nuage.

Elle porte ia main à son cœur
Elle pâlit elle frissonne
Qui donc a crié?

Mais l'autre s'il est encore vivant
On le retrouvera
Dans une ville inconnue.

XXII

Le sang coulant sur les dalles
Me fait des sandales
Sur une chaise au milieu de la rue
J'observe les petites filles créoles
Qui sortent de l'école en fumant la pipe.

XXIII

Par retraites il faut que le béguinage aille au feu.

XXIV

Il ne faut pas voir la réalité telle que je suis.

XXV

Par exception la calcédoine se laisse prendre
A la féerie de la gueule des chiens.

XXVI

Toute la vie a coulé dans mes rides
Comme une agate pour modeler
Le plus beau des masques funèbres.

XXVII

Demain le loup fuira vers les sombres étoffes de la
　　peur
Et d'emblée le corbeau renaîtra plus rouge que jamais
Pour orner le bâton du maître de la tribu.

XXVIII

Les arbres blancs les arbres noirs
Sont plus jeunes que la nature
Il faut pour retrouver ce hasard de naissance
Vieillir.

XXIX

Soleil fatal du nombre des vivants
On ne conserve pas ton cœur.

XXX

Peut-il se reposer celui qui dort
Il ne voit pas la nuit ne voit pas l'invisible
Il a de grandes couvertures
Et des coussins de sang sur des coussins de boue

Sa tête est sous les toits et ses mains sont fermées
Sur les outils de la fatigue
Il dort pour éprouver sa force
La honte d'être aveugle dans un si grand silence.

Aux rivages que la mer rejette
Il ne voit pas les poses silencieuses
Du vent qui fait entrer l'homme dans ses statues
Quand il s'apaise.

Bonne volonté du sommeil
D'un bout à l'autre de la mort.

CRITIQUE DE LA POÉSIE

CRITIQUE DE LA POÉSIE

C'est entendu je hais le règne des bourgeois
Le règne des flics et des prêtres
Mais je hais plus encore l'homme qui ne le hait pas
Comme moi
De toutes ses forces.

Je crache à la face de l'homme plus petit que nature
Qui à tous mes poèmes ne préfère pas cette *Critique
de la poésie.*

La Rose publique

(1934)

COMME DEUX GOUTTES D'EAU

On a brisé le globe alpestre
Où le couple érotique semblait rêver
Une petite fille était figurée
Sur ses flancs pâles
Elle riait d'un mariage ridicule
D'une vie enviable

Deux yeux deux fois deux yeux
Ne sont jamais deux fois semblables
La femme était toujours tournée
Vers le plus sombre du sombre Protée
Qui fuyait les hommes

Jeunesse à ne savoir quand elle prendrait fin
Sourires dessinés par des caresses
Douleur déchirée par des caresses
Les jours n'étaient mauvais que pour les autres
    femmes
Ils brûlaient d'un grand feu aveugle
Et ne reconnaissaient rien.

En cherchant des salamandres
Des flammes vertes
Des flammes noires
Un été pâle
A réduire un grand chagrin
Pendant les vacances
Buvant du lait
Dans les prairies
Comme un enfant
Mourra la nuit

Pour s'en passer
Que faut-il dire
Cristal de roche
Fauve éventé
Bonds des collines
Ma belle en liberté
Éparpille des herbes
Des moires de parfums
Des bêtes trébuchantes
Des prunelles gelées

Éblouissante et nue
A la cuisse une abeille
Rires peur de la peur
Dans les bras d'un frisson
En plein jour le corail
Borde l'écume des forêts
Un buisson de neige s'envole
Je n'ai pas d'ombre à t'opposer
Sous ton masque de larmes
Tu n'es que plus visible
Sur leurs plages de perles
Tes yeux sont plus beaux

L'œuf de l'aube lâche ses oiseaux
Fils des reptiles au cœur de marbre
Aux yeux de griffes
Que faut-il taire
Pour t'écouter
Chaîne des ponts
Comme une paille
Tremblante d'air
Le corps très frais les cheveux tièdes
Le front lustré
Tu tournes au beau temps
Et quand le soleil s'oriente
Dans le ciel du matin
Tu souris dans mes plaintes.

L'homme
Ses bizarres idées de bonheur l'avaient abandonné
Il imposait sa voix inquiète
A la chevelure dénouée
Il cherchait cette chance de cristal
L'oreille blonde acquise aux vérités
Il offrait un ciel terne à des regards lucides
Leviers sensibles de la vie
Il n'attendait plus rien de sa mémoire qui s'ensablait

L'amour unique tendait tous les pièges du prisme
Des sources mêlées à des sources
Un clavier de neige dans la nuit
Tour à tour frissonnant et monotone
Une fuite un retour nul n'était parti
Tout menait au tourment
Tout menait au repos
De longs jours étoilés de colères
Pour de longs jours aux nervures de baisers
L'enfance à travers l'automne d'un instant
Pour épuiser l'avenir

Et cent femmes innocentes ignorées ignorantes
Pour préférer celle qui resta seule
Une nuit de métamorphoses
Avec des plaintes des grimaces
Et des rancunes à se pendre.

Installez ici les gradins les estrades
Les lampes des musiciens
Gravez partout des personnages ridicules
D'un trait pur d'un trait vif
Enviable

Accrochez les fleurs les grands oiseaux
Tout près des danseuses polies
Et de leurs robes creuses
Tout près des seins aux étranges vertus
Aux maladresses nonchalantes

Jetez des brassées de statues fragiles
Sur de grandes pierres sûres d'elles-mêmes
Pour déchaîner la gaieté
Pour composer un monde involontaire
Tendre et solide
On y trébuche en plein jour

Où suis-je j'y voudrais rester

La moindre ligne blanche
Près d'une tache noire
Une lampe pour un voyant

Un albinos
Sous les baisers des couleurs
Découvre son regard traqué
Sa candeur
Une couronne diaprée

De violettes roses
De boutons d'or fanés

Il a le goût d'autres décors
D'une clarté moins rassurante
Plusieurs petites mains rapprochées
Sous un arbuste pâle
Carrelage de paumes innocentes

Touche aux mains pour toucher à tout
Sans laisser de traces

Pourquoi tant d'égards
Fouillez les gouttes d'eau
Les graines en haillons
Fouillez les mains prodigues
La prudence n'est qu'un jeu
Sur la table d'un enfant

Les arabesques lentes des poitrines et des lèvres
Les rides de l'écho
Derniers sentiers de la parole
Parmi les bruits de la campagne

Soir sans allure
Grand laboureur de ruines
Bourreau descendu des îles solitaires
Avec le vent dans la poussière
De mille vieillesses craquantes

Terre exécrable
Aux grimaces décolorées
Inextricable nœud d'horizons

Ma colère comme un sanglot la fin de tout
Puis dans le noir interminable
L'abandon d'un regard
Dont tout avait le goût

Ses paupières sont prises dans la cire de l'ombre
Et n'y retrouvent rien
Ni la tendresse ni la vie même l'ancienne
Qui n'était pas la nôtre

Pas plus la solitude que l'oubli.

De tout ce que j'ai dit de moi que reste-t-il
J'ai conservé de faux trésors dans des armoires vides
Un navire inutile joint mon enfance à mon ennui
Mes jeux à la fatigue
Un départ à mes chimères
La tempête à l'arceau des nuits où je suis seul
Une île sans animaux aux animaux que j'aime
Une femme abandonnée à la femme toujours nouvelle
En veine de beauté
La seule femme réelle
Ici ailleurs
Donnant des rêves aux absents
Sa main tendue vers moi
Se reflète dans la mienne
Je dis bonjour en souriant
On ne pense pas à l'ignorance
Et l'ignorance règne
Oui j'ai tout espéré

Et j'ai désespéré de tout
De la vie de l'amour de l'oubli du sommeil
Des forces des faiblesses
On ne me connaît plus
Mon nom mon ombre sont des loups.

Filles de rien prêtes à tout
Sœurs des fleurs sans racines
Sœurs des enfants rebelles
Minuscules
Indifférentes
Réduites à l'intelligence
A la raison à en mourir
Réduites dans vos secrets
Étrangères délaissées
Mes lointaines compagnes
Aux chairs sentimentales
Belles à peine belles mais toujours belles
Plus simples que le malheur
Plus précieuses que la beauté
De vos lèvres abattues
De votre sourire effondré
Vous me confiez vos poisons
O mithridatisées

Et j'oppose à l'amour
Des images toutes faites
Au lieu d'images à faire.

UNE PERSONNALITÉ
TOUJOURS NOUVELLE, TOUJOURS DIFFÉRENTE,
L'AMOUR AUX SEXES CONFONDUS DANS LEUR
CONTRADICTION, SURGIT SANS CESSE DE LA
PERFECTION DE MES DÉSIRS: TOUTE IDÉE DE
POSSESSION LUI EST FORCÉMENT ÉTRANGÈRE

Je n'ai pas souvent le courage de penser au lendemain
Je ne suis pas une épée qui mêle d'un seul coup la
    vie et la mort
J'ai vu bien des grands satisfaits j'ai connu des rêveurs
    ponctuels
Des écorchés luisants de dignité des hommes dont
    les mains n'étaient pas des nourrices
Mais des horloges de naissance
Des femmes incommunicables
Des enfants sans âge

Devant leur assiette cervicale
Ils dévidaient leur appétit
Ils ne donnaient rien en échange
Ils vivaient sur leur propre fonds
D'un geste brusque j'interromps tous ces mauvais
    souvenirs

Qui mettaient la nuit en veilleuse
Je n'ai plus d'expérience
D'autres mouches viennent se prendre au plus noir
    de mon cœur
Les bracelets d'un baiser autour d'un bras inter-
    minable
La rosace de l'ivresse à la pointe d'un sein
Le remous des regards honteux ne me fait pas honte
J'embrasse avec ferveur la chair des arbres sous leur
    écorce
Je cherche dans la terre les flammes de la pluie
Les agates de la chaleur
Les plus petites graines du soleil d'hiver
A l'odeur de cendres et couleur de lys
Recherches bariolées sous le couvert de l'ignorance
On m'a libéré du logis où la poussière
Est conservée par modestie par goût de l'ordre
Il y a trop de trous trop d'ornières
Sur le chemin du retour
J'apprends des jeux qui n'en finissent pas
Des jeux à tout casser
Des chants qui crèvent les rideaux de la hauteur
Revenir serait une chute écrasante

Couronnée de mes yeux
Voici la tête la plus précieuse
Elle apparaît petite elle est jeune
Nous sommes face à face et rien ne nous est invisible
Délire perpétuel nous nous sommes tout dit
Et nous avons tout à nous dire

Cambrée câline tu vacilles

Dans notre miroir au cœur double
Nos désirs vont bâtir ton corps
En faire la soif des oiseaux
Un bateau de velours d'orage
Un geyser de mains démentes
Une arme contre l'habitude

Que pèse une vitre qu'on brise
Les épis de ta nudité coulent dans mes veines
Le souffle bref de l'ambre dans le vide
Le frisson des sillons sur un abîme
Le sang ne quitte plus sa proie
Sa raison d'être sans passé.

Toute ma confiance
A celle qui mentait à la multiple
A bout de souffle elle m'accorda la vérité
La vérité que je lui apprenais
La triste et douce vérité
Que l'amour est semblable à la faim à la soif
Mais qu'il n'est jamais rassasié
Il a beau prendre corps il sort de la maison
Il sort du paysage
L'horizon fait son lit

Comment ma vie disait-elle
Une autre ai-je été moi-même
Qui dans la vie qui en moi-même
Et moi les autres
Pourtant mon corps mon visage mes yeux
Ce que j'ai vu

Ou bien ce que les autres ont vu
Ce que tu vois

J'ai vu le soleil quitter la terre
Et la terre se peupler d'hommes et de femmes endor-
    mis

J'ai vu le sablier du ciel et de la mer se renverser
Le sablier d'une robe qui tombe
Et d'un corps nu qui se redresse
Porte ouverte dehors est roi
Il chante partout à tue-tête
Une vigne s'accroche au vent
Les murs sont chargés d'espace
De solitude transparente

J'ai vu une femme regarder son enfant nouveau-né
Comme une tuile enlevée d'un toit
Son enfant en progrès sur l'homme

J'ai vu mon meilleur ami
Creuser dans les rues de la ville
Dans toutes les rues de la ville un soir
Le long tunnel de son chagrin
Il offrait à
Toutes les femmes
Une rose privilégiée
Une rose de rosée
Pareille à l'ivresse d'avoir soif
Il les priait humblement
D'accepter
Ce petit myosotis
Une rose étincelante et ridicule

Dans une main pensante
Dans une main en fleur

La peur la gêne la misère
De petits rires
Au lieu du rire passionné
Qui aurait permis de passer au lendemain
Toutes les femmes aucune femme
Ce soir inépuisable
Le jour était une inconnue
Ou une morte

Sur ses seins sur ses yeux on avait bâti
La ville lourde et laide
Sa chevelure un bouclier
Rompue éteinte
Sa chevelure toute une foule dispersée
Par l'horreur des rues inutiles

Et j'ai vu naître l'imperceptible
La nuit rêvée.

Des couteaux si tranchants si forts qu'ils n'aient plus
   de poids
Éparpillés dans la mêlée étonnant les plus fatigués
   les plus fiers
Des couteaux comme des statues de la fureur
Comme des chasseurs sur les traces de mendiants
   immondes
Des couteaux comme des astres définitifs
Comme des barreaux de prison au vent
Des couteaux pour pleurer et pour ne plus jamais
   pleurer
Des couteaux pour aller à l'assaut du papier à fleurs
   de l'aube
Pour saccager les fondations de la vie blanche et
   noire comme un pain
Des couteaux comme un verre de poison dans l'ha-
   leine
Comme les bras nus d'un deuil éblouissant
Pour veiller l'agonie des déluges

Pour connaître la fin de l'absurde.

L'OBJECTIVITÉ POÉTIQUE

N'EXISTE QUE DANS LA SUCCESSION, DANS L'ENCHAÎNEMENT DE TOUS LES ÉLÉMENTS SUBJECTIFS DONT LE POÈTE EST, JUSQU'A NOUVEL ORDRE, NON LE MAÎTRE, MAIS L'ESCLAVE

Guerre des errants et des guides
A rebours de la peur
A rebours des conseils
Loin des rives les plus sensibles
Fuir la santé des mers
Espoir des premiers pas
Fuir les couleurs inhumaines
Des tempêtes aux gestes mous
Aux grands corps vides
Le labyrinthe des étoiles dépaysées
Les océans de lait de vin de viande
Les vagues de fourrure les vagues de repos
Le sable dans son lit
Fuir les bateaux et leur métier.

Matin brisé dans des bras endormis
Matin qui ne reviendra pas
Reflet de rousse qui s'éteint
Les seins aigus les mains aimables
A coups de fouet l'offre de soi
Rien ne vaut le malheur d'aimer
Rien le malheur
L'écume détournée
Abrège la sentence qui monte aux lèvres
Qui va au cœur
Qui s'effondre avec un rire d'origine
Un rire aveuglant.

Fragile douloureuse et marquée à l'épaule
Des cinq doigts qui l'ont possédée.

Le long des murailles meublées d'orchestres décrépits
Dardant leurs oreilles de plomb vers le jour
A l'affût d'une caresse corps avec la foudre
Le sourire faucheur des têtes basses
L'odeur du son
Les explosions du temps fruits toujours mûrs pour la
  mémoire.

Même quand nous sommes loin l'un de l'autre
Tout nous unit

Fais la part de l'écho
Celle du miroir
Celle de la chambre celle de la ville
Celle de chaque homme de chaque femme
Celle de la solitude
Et c'est toujours ta part

Et c'est toujours la mienne
Nous avons partagé
Mais ta part tu me l'as vouée
Et la mienne je te la voue.

Et tes mains de pluie sur des yeux avides
Floraison nourricière
Dessinaient des clairières dans lesquelles un couple
    s'embrassait
Des boucles de beau temps des printemps lézards
Une ronde de mères lumineuses
Retroussées et précises
Des dentelles d'aiguilles des touffes de sable
Des orages dénudant tous les nerfs du silence
Des oiseaux de diamants entre les dents d'un lit
Et d'une grande écriture charnelle j'aime.

Tant de rêves en l'air
Tant de fenêtres en boutons
Tant de femmes en herbe
Tant de trésors enfants
Et la justice enceinte
Des plus tendres merveilles
Des plus pures raisons

Et pourtant
Les heureux dans ce monde font un bruit de fléau

Des rires à perdre la tête
Des sanglots à perdre la vie
Les yeux la bouche comme des rides
Partout des taches de vertu
Partout des ombres à midi.

Colère miel qui dépérit
L'abri des flammes se consume
C'en est fini de voler au secours infâme des images
　　d'hier
La perfection sylvestre la fine mangeoire du soleil
Les fondantes médailles de l'amour
Les visages qui sont des miettes de souhaits
Les enfants du lendemain le sommeil de ce soir
Les mots les plus fidèles
Tout porte de noires blessures

Même la femme qui me manque.

LA LUMIÈRE ÉTEINTE

QUAND, PAR HASARD, JE NE CHOISIS PAS LE
PETIT CHEVAL VERT ET LE PETIT HOMME ROUGE,
LES DEUX PLUS FAMILIÈRES ET BRUTALES DE
MES CRÉATURES HYPNOTIQUES, JE ME SERS
INÉVITABLEMENT DE MES AUTRES REPRÉSEN-
TATIONS POUR COMPLIQUER, ILLUMINER ET
MÊLER A MON SOMMEIL MES DERNIÈRES ILLU-
SIONS DE JEUNESSE ET MES ASPIRATIONS SENTI-
MENTALES

Un matin de sureau
Elle est restée dans ce champ
Qu'a-t-elle laissé d'elle en s'en allant

Tout ce que j'ai voulu
Et d'abord une armure choisie dans les décombres
De la plus ciselée des aubes

Une armure sous un arbre
Un bel arbre
Ses branches sont des ruisseaux
Sous les feuilles
Ils boivent aux sources du soleil

Leurs poissons chantent comme des perles
Un bel arbre les jours d'ennui
Est un appareil visionnaire
Comme un autre
Par cet arbre de tous les jours
Je suis le maître de mes quatre volontés

☆

Puis une femme au col de roses rouges
De roses rouges qu'on ouvre comme des coquillages
Qu'on brise comme des œufs
Qu'on brûle comme de l'alcool

Toujours sous l'arbre
Comme un aimant irrésistible
Désespérant
La flamme traquée par la sève

Tantôt fragile tantôt puissante
Ma bienfaitrice de talent
Et son délire
Et son amour à mes pieds
Et les nacelles de ses yeux dont je ne tomberai pas
Ma bienfaitrice souriante
Belle limpide sous sa cuirasse
Ignorante du fer de l'arbre et des roses rouges
Moulant tous mes désirs
Elle rêve
De qui rêve-t-elle
De moi
Dans les draps de ses yeux qui rêve
Moi

Ses mains sont vives
De vraies mains de sarcleuse
Tissées d'épées
Rompues à force d'indiquer l'heure matinale sempi-
　　ternelle atroce du travail
Des mains à tenir amoureusement un bouquet de
　　roses rouges sans épines

Et ce galop de buffles
Mes quatre volontés
Cette femme au soleil
Cette forêt qui éclate
Ce front qui se déride
Cette apparition au corsage brodé d'épaves
De mille épaves sur des vagues de poussière
De mille oiseaux muets dans la nuit d'un arbre

Il ferait beau penser à d'autres fêtes
Même les parades déshabillées défigurées ensanglan-
　　tées par des grimaces de masques atteignent malgré
　　tout à une sérénité condamnable
Et quel passant hors jeu juste au carrefour d'un sou-
　　rire de politesse ne s'arrêterait pas pour saluer d'un
　　éclair de la main le ventre impoli du printemps

Un panier de linge à la volée se calme tendrement
Sa blanche corolle s'incline vers ses genoux brisés
Aucune roture de couleur n'a barre sur lui

Et par la déchirure d'une dentelle
Il disparaît
Sur une route de chair

Boire
Un grand bol de sommeil noir
Jusqu'à la dernière goutte.

CE QUE DIT
L'HOMME DE PEINE
EST TOUJOURS HORS DE PROPOS

Un hiver tout en branches et dur comme un cadavre
Un homme sur un banc dans une rue qui fuit la foule
Et que la solitude comble
Place à l'appareil banal du désespoir
A ses miroirs de plomb
A ses bains de cailloux
A ses statues croupissantes
Place à l'oubli du bien
Aux souvenirs en loques de la vérité
Lumière noire vieil incendie
Aux cheveux perdus dans un labyrinthe
Un homme qui s'est trompé d'étage de porte de clé
Pour mieux connaître pour mieux aimer

Où commence le paysage
A quelle heure
Où donc se termine la femme
Le soir se pose sur la ville
Le soir rejoint le promeneur dans son lit
Le promeneur nu
Moins gourmand d'un sein vierge

Que de l'étoile informe qui nourrit la nuit
Il y a des démolitions plus tristes qu'un sou
Indescriptibles et pourtant le soleil s'en évade en
    chantant
Pendant que le ciel danse et fait son miel
Il y a des murs déserts où l'idylle fleurit
Où le plâtre qui se découd
Berce des ombres confondues
Un feu rebelle un feu de veines
Sous la vague unique des lèvres
Prenez les mains voyez les yeux
Prenez d'assaut la vue

Derrière les palais derrière les décombres
Derrière les cheminées et les citernes
Devant l'homme
Sur l'esplanade qui déroule un manteau de poussière
Traîne de fièvre
C'est l'invasion des beaux jours
Une plantation d'épées bleues
Sous des paupières écloses dans la foule des feuilles
C'est la récolte grave du plaisir
La fleur de lin brise les masques
Les visages sont lavés
Par la couleur qui connaît l'étendue

Les jours clairs du passé
Leurs lions en barre et leurs aigles d'eau pure
Leur tonnerre d'orgueil gonflant les heures
Du sang des aubes enchaînées
Tout au travers du ciel
Leur diadème crispé sur la masse d'un seul miroir
D'un seul cœur

Mais plus bas maintenant profondément parmi les
   routes abolies
Ce chant qui tient la nuit
Ce chant qui fait le sourd l'aveugle
Qui donne le bras à des fantômes
Cet amour négateur
Qui se débat dans les soucis
Avec des larmes bien trempées
Ce rêve déchiré désemparé tordu ridicule
Cette harmonie en friche
Cette peuplade qui mendie

Parce qu'elle n'a voulu que de l'or
Toute sa vie intacte
Et la perfection de l'amour.

BONNES ET MAUVAISES LANGUES
PRÉTENDENT QUE LE MAL EST BIEN FAIT.
AINSI, LE FAUX, LE NÉGATIF
OBLIGENT LA VIE A SE HAÏR

Ne dites pas sur un chemin de pierre
D'épaisses maisons fendues par la culture
Ne dites pas j'ai honte un aigle irrespirable
Vous prendrait à la gorge à la lampe des moissons
    de langues
La peur comme une fleur flétrie au fil de l'eau
La proue des nerfs contraire au vent
Monarque ne te mets pas à genoux
Illustre continent
Aussi laid que cheval et bourgeois réunis
Ne prends pas la forme d'une machine à faire le mort
Prends garde aux géographies menaçantes des nou-
    veaux délires
Aux mains guidées par les odeurs feuillages et tenaces
A l'oreille qui sort du parloir
Aux caresses dictées par la pitié glacée des songes
Si tu heurtais mon front
Tu rejoindrais l'immensité à tête d'épingle.

Les rouages les plus familiers se brisent
Dans la main gantée des prisons
Le mouvement luisant s'éteint des ombres passent
Le chemin parcouru à grande allure
Lorsque les tropiques voguaient sur la mer des
    étoiles
Lorsque le ciel pavé d'oiseaux chantait dans les ban-
    lieues
Vient échouer ici
On avait mis le cap aux perles aux framboises
Aux seins sensibles des merveilles
Aux roses farouches de l'orage

Et l'on apprend l'alphabet des ignorants.

En souvenir d'un fauve au ralenti maté dompté
On prend des chaînes pour limites
On cultive l'art d'être heureux
On appuie de temps en temps sur le levier complai-
    sant du bien

On met de l'eau dans son soleil.

Pour rendre la tête à sa destinée
Voici sauvage le délire aux ondées de lueurs
Aux reflets opposés sur des lits verticaux et blafards
Ciseaux de flammes jumelles
Voici l'épouvantable ardeur de la parole qui n'est
    pas dite pour être entendue
Le geste qui cherche le vide
La chasse aux pendus la pêche aux noyés
Les grands froids enragés la glu du désert
La lutte à mort avec les apparences.

Le crépuscule ce caméléon qui meurt
Ce fou qui s'accroche à moi
Il faudrait le mettre dans du coton
Ne lui laisser qu'un œil et quoi encore
Ma chambre s'est coiffée pour la nuit
Elle est au seuil de ses vêtements de nuit
Comme la pluie au début d'une fête
Ma chambre se sépare de mon univers
Et je ne connais plus que ce qui n'est pas là

Il y avait une corbeille de lait chez une belle sorcière
Dans une cachette avec des jouets incompréhensibles
J'ai parlé de la glu du désert et le désert est une abeille
De misérables petites absinthes végètent dans la
    sécheresse
Dans la peau du silence paresseux
Comme on parle de son malheur
Avec des mots qui ne font mal qu'aux innocents

Je sais aussi que les nuages la gorge lourde et basse
Courbent des forêts vierges sur des mares de mousse
Que l'océan bouge comme un cerceau qui tombe

Les étoiles sont sur le pont
Les plages épousées ne volent plus que d'une aile
Je sais qu'il y avait chez une fille meilleure que le pre-
    mier pain blanc
Assez d'audace pour s'ouvrir à la vérité

La vérité avec son cortège interminable
D'évidences puériles.

Des kilomètres de secondes
A rechercher la mort exacte.

Tranquilles objets familiers
Nous descendrons dans une mine héroïque
Nous en tirerons les verrous

Nous avons fermé les volets
Les arbres ne s'élèveront plus
On ne fouillera plus la terre
On ne nous déterrera pas

Il n'y a plus de profondeurs
Ni de surfaces.

LE CIEL

Mondal est parisien
Il est de la vieille race des bâtards
Il est seul pauvre frêle
Nous le voyons gagner à grand'peine sa vie
Il ne s'attaque pas à ses ennemis
Son linge le fuit
Sa maison se lézarde
Son cœur faiblit
Ses yeux ont perdu leur éclat
Trop tard pour avoir une idée
Le sommeil ni l'été ne lui sont plus d'aucun secours
Il ne pense pas à mourir

Dans la plaine orageuse
Ni bonne ni mauvaise
Les racines des gémissements
Pourrissent
Les verdures sont pliées
Entassées abattues
Comme des livres
Les violettes funèbres sonnent l'os
Et l'inerte comme des lèvres blafardes

Les serrures des fossés bouchées
Les mains qui s'ouvrent sont saisies
Du doux tremblement de la vase
Sous le vent d'acajou
Les nerfs
Sous les veines gonflées de la pluie énorme
La terre grasse
Sous le soleil sourd
Le cœur

Majestueux le lourd harnachement
Du mauvais temps quotidien
Sûr de sa route parmi les hommes

Une telle misère
Un tel défi

Il y a pourtant des rires sur terre
Qui applaudissent des promesses de sang jeune
Sans souvenirs
Des promesses de soleil frais
Au pied des derniers remparts
Qui vont se mêler au jour

Inexplicablement

Puisque Mondal fils de tout et de peu
Est seul n'a rien et ne veut rien

Pas même combattre ses ennemis.

PASSER LE TEMPS

Un enfant grimpe à l'homme
Qui dit jeune dit seul
Comme une page blanche
Puisque tout a la force de la nouveauté
Un enfant retentit du cri commun aux solitaires
Engagés douloureusement
Sur de longues artères d'ombre

Il prend soin de crier
Mais son cri est pareil à cette bombe de froid qu'on
    n'entend pas exploser
Pareil à cette bombe de larmes qu'on ne voit pas
    couler

Pluie espérée pluie en puissance
Grande pluie meurtrière
De blés cassants comme des cruches
Sur mes colères

J'ignore toujours mon destin
Fillette aux seins de soie
Ai-je vieilli

Midi minuit je m'endors je m'éveille
En caressant tout doucement
Une bonne loutre vertueuse
Qui résiste à tous les poisons.

A MOUDRE LE CHEMIN
AU CARREFOUR DES REGARDS

Tout entière pressée de me montrer sa nudité
Derrière la fenêtre que je guette

Dans des chambres obscures et chaudes
Dans des robes éblouissantes
Elle n'est pas pour rien d'ordinaire si secrète

Elle ne se garde pas du miroir voisin

☆

Elle est future

Aujourd'hui de chair tamisée
Parmi des flots d'espoir
Demain de baisers incarnés
Taillés comme des diamants
Tout au fond du plaisir
Attentive malgré la nuit
Elle suit mon vœu de savoir
Et mes grands rêves innocents

☆

Si la chanson s'éloigne
La fenêtre se ferme

Elle n'a jamais été là

J'en devine déjà une autre.

RIEN D'AUTRE

QUE VIVRE ET VOIR VIVRE : LE JOUR LES YEUX
OUVERTS, LA NUIT LES YEUX FERMÉS, AVEC,
DANS L'INTERVALLE, LE GESTE MINIMUM DE
MOURIR

Erre tu rencontreras
Toutes les femmes que tu voudras

La passante interdite et charnue dans le soleil
Dans les neiges des prairies creuse un bain de son
Où les miroirs volants viennent boire
Il faut voir s'ouvrir aussitôt
Les lèvres mouillées du printemps
Multitude candide

Les semelles du jour les toits sont négligeables
On les compte pour de l'ombre pour des tombes
    stériles
Mon paysage féminin a d'autres nids
Tremblants de rires enflammés et de délices doulou-
    reuses
D'autres fenêtres où le vent
Agite la chaleur rectangulaire dans ses draps frais
Mon paysage féminin a tous les charmes

Puisqu'il est notre paysage
Ses yeux ce sont nos yeux
Ses seins ce sont nos seins
Soigneusement dressés à se confondre
Un bas plus haut que l'autre nuage c'est le nôtre
Ta nudité lumière me dénude
Il n'y a pas un doigt de mon corps loin de toi
Je ne peux pas abattre la nature entière

Une palme convenue
Se débat sous les pieds de la passante involontaire
Pendant que le moulin des fruits piétine la fleur sa
    servante.

☆

Puis le fruit défloré
Une femme qui se retourne lasse et lente
Nuit après nuit dans tous mes rêves
La vie imposée par la nuit
Une femme qui prend sa source dans mon sommeil
Mon vœu d'aimer
Mon désir de ne pas changer

Elle est le poids perdu des ailes
L'étoile qui ne s'efface qu'au point mort de la flèche.

TOUT AIGUISÉ DE SOIF

TOUT AFFAMÉ DE FROID

Une sublime chaleur bleue
S'appuie aux tempes des fenêtres

Belle alignée de plumes jusqu'aux limbes
La parfumée la rose adulte le pavot et la fleur vierge
   de la torche
Pour composer la peau enrobée de femmes nues

Des vannes luisent dans la porte
Il faut passer malgré le tour câlin qu'a pris la lutte
Passer les coteaux les grands lits végétaux
Saupoudrés de soleil

Et continuer

L'orage de la belle saison est comme une main sans
   doigts
Comme un chat dans un sac
Une fumée d'autruche annonce l'été tumulteux
   Émaillé de poisons

Les soifs varient vont par des brumes dégradées

Jusqu'à l'auberge au flot
De pierres brûlantes à cheval sur des buveurs enragés.

JE NE CESSE

POUR AINSI DIRE PAS DE PARLER DE TOI
ET POURTANT J'EN AI TOUJOURS
VITE FINI AVEC L'ESSENTIEL

Quand l'aube a montré ses griffes
Et qu'au premier versant boisé
Qui ne reflète que frissons
S'ouvre l'abîme des hauteurs

Quand ta robe s'ouvre à pic
Donnant le jour à ton corps tendre
Offrant tes seins lustrés soumis
Tes seins qui n'ont jamais lutté
Renoncules tigrées de plomb
Éclipses fatales aux forts
Degrés d'hermine sacrifiée
Ou quand ton visage se trouble

Ce que j'aime dans ton visage c'est l'arrivée
D'une lampe ardente en plein jour.

TELLE FEMME
PRINCIPE DE VIE, INTERLOCUTRICE IDÉALE

Veux-tu voir
La forme obscure du soleil
Les contours de la vie
Ou bien te laisser éblouir
Par le feu qui mêle tout
Le flambeau passeur de pudeurs
En chair en or ce beau geste

L'erreur est aussi inconnue
Que les limites du printemps
La tentation est prodigieuse
Tout se touche tout te traverse
Ce ne fut d'abord qu'un tonnerre d'encens
Ce que tu aimes le plus
La louange belle à quatre
Belle nue immobile
Violon muet mais palpable
Je te parle de voir

Je te parlerai de tes yeux
Sois sans visage si tu veux
De leur couleur contre le gré

Des pierres lumineuses
Décolorées
Devant l'homme que tu conquiers
Son enthousiasme aveugle
Règne naïvement comme une source
Dans le désert

Entre les plages de la nuit et les vagues du jour
Entre la terre et l'eau
Nulle ride à combler
Nul chemin possible

Entre tes yeux et les images que j'y vois
Il y a tout ce que j'en pense
Moi-même indéracinable
Comme une plante qui s'amasse
Qui simule un rocher parmi d'autres rochers
Ce que je porte de certain
Toi tout entière
Tout ce que tu regardes
Tout

Ceci est un bateau
Qui va sur une rivière douce
Il porte des femmes qui jouent
Et des graines qui patientent
Ceci est un cheval qui descend la colline
Ou bien une flamme qui s'élève
Un grand rire pieds nus dans une cour misérable
Un comble de l'automne des verdures amadouées
Un oiseau acharné à mettre des ailes à son nid
Un matin qui disperse des lampes de rosée
Pour éveiller les champs

Ceci est une ombrelle
Et ceci la toilette
D'une dentellière plus séduisante qu'un bouquet
Au son des cloches de l'arc-en-ciel

Ceci déjoue l'immensité
Ceci n'a jamais assez de place
La bienvenue est toujours ailleurs
Avec la foudre avec le flot
Qui s'accompagnent
De méduses et d'incendies
Complaisants à merveille
Ils détruisent l'échafaudage
Surmonté d'un triste drapeau de couleur
Une étoile limite
Dont les doigts sont paralysés

Je parle de te voir
Je te sais vivante
Tout existe tout est visible
Il n'y a pas une goutte de nuit dans tes yeux

Je vis dans une lumière exclusive la tienne.

LE ·BAISER

Un coq à la porte de l'aube
Un coq battant de cloche
Brise le temps nocturne sur des galets de promptitude

Un lancer de ramages
Entre deux transparences inégales
On ne va pas si tôt lever la tête
Vers la lumière qui s'assemble
Mais la baisser
Sur une bouche plus vorace qu'une murène
Sur une bouche qui se cache sous les paupières
Et qui bientôt se cachera derrière les yeux
Porteuse de rêves nouveaux
La plus douce des charrues
Inutile indispensable
Elle sait la place de chaque chose
Dans le silence
Collier rompu des mots rebelles
Une autre bouche pour litière
Compagne des herbes fiévreuses
Ennemie des pièges
Sauvage et bonne formée pour tous

Et pour personne
Bouche oublieuse du langage
Bouche éclairée par les mirages de la nuit

Le premier pas sur cette route franche
Monotone comme un enfant
Mille orchidées à l'infini
Brillant brûlant pont vivant
Image écho reflet d'une naissance perpétuelle

C'est gagner un instant
Pour ne plus jamais douter de durer.

ELLE SE FIT ÉLEVER UN PALAIS

QUI RESSEMBLAIT A UN ÉTANG DANS UNE FORÊT,
CAR TOUTES LES APPARENCES RÉGLÉES DE LA
LUMIÈRE ÉTAIENT ENFOUIES DANS DES MIROIRS,
ET LE TRÉSOR DIAPHANE DE SA VERTU REPO-
SAIT AU FIN FOND DES ORS ET DES ÉMERAUDES,
COMME UN SCARABÉE

Un taillis de nuages sur un rond-point solaire
Un navire chargé de paille sur un torrent de quartz
Une petite ombre qui me dépasse
Une femme plus petite que moi
Pesant autant dans la balance des pygmées
Qu'un cerveau d'hirondelle sur le vent contraire
Que la source à l'œil vague sur la marée montante

Un jour plus loin l'horizon ressuscite
Et montre au jour levant le jour qui n'en finissait
plus
Le toit s'effondre pour laisser entrer le paysage
Haillons des murs pareils à des danses désuètes
La fin maussade d'un duel à mort où naissent des
retraites des bougies
La mise au tombeau comme on tue la vermine

Rire aux éclats une palette qui se constitue
La couleur brûle les étapes
Court d'éblouissements en aveuglements
Montre aux glaciers d'azur les pistes du sang
Le vent crie en passant roule sur ses oreilles
Le ciel éclatant joue dans le cirque vert
Dans un lac sonore d'insectes
Le verre de la vallée est plein d'un feu limpide et
    doux
Comme un duvet
Cherchez la terre
Cherchez les routes et les puits les longues veines
    souterraines
Les os de ceux qui ne sont pas mes semblables
Et que personne n'aime plus
Je ne peux pas deviner les racines
La lumière me soutient

Cherchez la nuit
Il fait beau comme dans un lit
Ardente la plus belle des adoratrices
Se prosterne devant les statues endormies de son
    amant
Elle ne pense pas qu'elle dort
La vie joue l'ombre la terre entière
Il fait de plus en plus beau nuit et jour
La plus belle des amantes
Offre ses mains tendues
Par lesquelles elle vient de loin
Du bout du monde de ses rêves
Par des escaliers de frissons et de lune au galop
A travers des asphyxies de jungle
Des orages immobiles

Des frontières de ciguë
Des nuits amères
Des eaux livides et désertes
A travers des rouilles mentales
Et des murailles d'insomnie
Tremblante petite fille aux tempes d'amoureuse
Où les doigts des baisers s'appuient contre le cœur
    d'en haut
Contre une souche de tendresse
Contre la barque des oiseaux
La fidélité infinie
C'est autour de sa tête que tournent les heures sûres
    du lendemain
Sur son front les caresses tirent au clair tous les mys-
    tères
C'est de sa chevelure
De la robe bouclée de son sommeil
Que les souvenirs vont s'envoler
Vers l'avenir cette fenêtre nue

Une petite ombre qui me dépasse
Une ombre au matin.

DE L'ENNUI A L'AMOUR

Est-elle sortie
Elle est chez elle
Sa maison est ouverte

Jusqu'à leur abolition naturelle
Il y a des différences plus séduisantes
Entre un poing et une cloche
Entre une pierre et une rose
Entre la prison et l'air libre
Qu'entre le poisson et la mer
Le cerf et le vent
L'homme et la femme

Mon élément malgré les charmes du dehors
J'entre tout s'assombrit

Buisson des métamorphoses
Le lit teinté d'étoiles s'étend
Comme un automne de brebis
Descendant vers les brumes de ma solitude
J'ai toujours eu peur du silence
Il y naît des rires sans raison

Machines machinales aux roseaux de cambouis aux
    frissons figés
L'écœurant métal doux
Plus stérile que la cendre

Face aux rideaux apprêtés
Le lit défait vivant et nu
Redoutable oriflamme
Son vol tranchant
Éteint les jours franchit les nuits
Redoutable oriflamme
Contrée presque déserte
Presque
Car taillée de toutes pièces pour le sommeil et l'amour
Tu es debout auprès du lit

Je t'aime et je dors avec toi
Écoute-moi.

SON AVIDITÉ N'A D'ÉGAL QUE MOI

Donneuse monde en mouvement
Cernée de plaisir comme un feu
Dans l'ombre tu te diriges mieux qu'une ombre
Tête accordée

Mon cœur bat dans tout ton corps
Dans tes retraites préférées
Sur l'herbe blanche de la nuit
Sous les arbres noyés

Nous passons notre vie
A renverser les heures
Nous inventons le temps

Et d'un seul coup comme toujours
Des verdures et des oiseaux
Où sommes-nous
Soufflent sur tes regards
Se posent sur tes paupières
Garde-toi de bouger
Les guirlandes de tes membres
Sont pour des fêtes moins subtiles

Pas un geste apparent
On nous croit immobiles
Tant nous sommes secrets

Donne ton juste poids à l'aube
A l'horizon le nerf de la balance
Le cratère d'une couronne d'air pur
Sur ta chevelure folle
Mille bouffées d'écume entre les lèvres du soleil
Ou l'aile battante de ton sang

Donne ta force ta chaleur
L'été massif brutal amer
De tes paumes et de ta bouche
Donne ta fatigue limpide

Donne ta douceur ta confiance

Dans l'étendue de tes yeux
Il y a tantôt un château charmant
Ouvert comme un papillon à tous les vents
Tantôt une masure terrible
Une dernière caresse
Destinée à nous séparer
Tantôt le vin tantôt une rivière
Close comme un essaim d'abeilles

Viens là docile viens oublier
Pour que tout recommence.

AVEC LES MÊMES MOTS

OSER ET L'ESPOIR *

Lorsque le pélican

Les murs de la maison se ressemblent
Une voix enfantine répond
Oui comme un grain de blé et les bottes de sept
  lieues
Sur l'un des murs il y a les portraits de famille
Un singe à l'infini
Sur l'autre il y a la porte ce tableau changeant
Où je pénètre moi
La première

Puis on devise sous la lampe
D'un mal étrange
Qui fait les fous et les génies
L'enfant a des lumières
Des poudres mystérieuses qu'elle rapporte de loin
Et que l'on goûte les yeux fermés
Pauvre petit ange disait la mère

  * Violette Nozières.

De ce ton des mères moins belles que leur fille
Et jalouses

Violette rêvait de bains de lait
De belles robes de pain frais
De belles robes de sang pur
Un jour il n'y aura plus de pères
Dans les jardins de la jeunesse
Il y aura des inconnus
Tous les inconnus
Les hommes pour lesquels on est toujours toute neuve
Et la première
Les hommes pour lesquels on échappe à soi-même
Les hommes pour lesquels on n'est la fille de per-
sonne

Violette a rêvé de défaire
A défait
L'affreux nœud de serpents des liens du sang.

PAR UN APRÈS-MIDI TRÈS FROID
DES PREMIERS JOURS DE 1713
OU LE MONDE TEL QU'IL EST *

Au revoir. Plus vite, suivez le mouvement, prenez la peine de courir, si vous voulez barrer la route à ceux qui tombent de fatigue, lever le rideau de leurs défaillances. Il ne reste du triomphateur que son étoile, une petite nuit d'amour pour la légende.

L'œil parle de tout un rien, en finit vite de disperser ses secrets puérils aux quatre murs qui lui ouvrent leurs tapisseries bien amarrées sur des forêts d'automne. Les meubles tapent sur leurs clous comme sur des perles. Les miroirs ont fait volte-face et bayent aux horloges de poussière. Un vrai paradis. Une dentelle de profil cette fêlure dans la vitre, cette légère fumée qu'un doigt de vin, fils d'une main ivre, s'apprête à labourer. Un sac de cuir complètement usé répand sur les dalles ses pistoles parasites. Pour apprendre que le désordre vestimentaire est l'indice d'une conscience mal peignée, il faut aller au vestiaire. Là, mes pauvres habits couchent sur un banc, dans l'intime nuit du faux dedans, comme des moules. Dans la cour trans-

* Commentaire à une image d'Épinal : *La folie des hommes ou le Monde à l'envers.*

formée en un missel grossièrement imprimé, l'ordure
patiente religieusement.

J'ai tout ce que je voulais excepté ce que je voulais.
J'ai dit non aux prudents, aux sages, aux jaloux, non
aux croyants, aux sceptiques, aux forts, aux faibles,
aux naïfs, aux menteurs, non aux bougies qui séparent
le lecteur et les oiseaux nocturnes de la nuit, le silex
du feu, oui aux femmes et à moi-même. J'ai alors
rencontré des résistances incroyables, j'ai été obligé
de me séparer de ce que j'aime. L'acharnement des
piqueurs, des louvetiers, des ratiers, des pourfendeurs
de dragons à poser leur soulier sur la bête découron-
née n'est rien comparé à la rage. Je ne me possédais
plus. Les femmes atteignaient en un clin d'œil l'âge
de raison et m'échappaient. Elles fructifiaient comme
une addition, elles se déplumaient de leur nudité,
elles renversaient leur verre pour être chastes. Au galop
sonore des courageuses plaques de cuivre qui protègent
les portes des mains sales, le rêve continuel de la belle
amie, une jeune blonde aux yeux forfaitaires, s'ingé-
niait à broder d'alphabets intégraux le linge de la
révélation. C'en était fait, j'avais oublié ce que je
voulais. J'avais les morts en poche.

Seules restaient en présence ma fureur et la faculté
d'en rire, d'un rire tristement semblable à une garni-
ture de cheminée.

MAN RAY

L'orage d'une robe qui s'abat
Puis un corps simple sans nuages
Ainsi venez me dire tous vos charmes
Vous qui avez eu votre part de bonheur
Et qui pleurez souvent le sort sinistre de celui qui vous
    a rendue si heureuse
Vous qui n'avez pas envie de raisonner
Vous qui n'avez pas su faire un homme
Sans en aimer un autre

Dans les espaces de marées d'un corps qui se dévêt
A la mamelle du crépuscule ressemblant
L'œil fait la chaîne sur les dunes négligées
Où les fontaines tiennent dans leurs griffes des mains
    nues
Vestiges du front nu joues pâles sous les cils de l'ho-
    rizon
Une larme fusée fiancée au passé
Savoir que la lumière fut fertile
Des hirondelles enfantines prennent la terre pour le ciel
La chambre noire où tous les cailloux du froid sont
    à vif

Ne dis pas que tu n'as pas peur
Ton regard est à la hauteur de mon épaule
Tu es trop belle pour prêcher la chasteté

Dans la chambre noire où le blé même
Naît de la gourmandise

Reste immobile
Et tu es seule.

Les yeux fertiles

(1936)

à Nusch.

On ne peut me connaître
Mieux que tu me connais

Tes yeux dans lesquels nous dormons
Tous les deux
Ont fait à mes lumières d'homme
Un sort meilleur qu'aux nuits du monde

Tes yeux dans lesquels je voyage
Ont donné aux gestes des routes
Un sens détaché de la terre

Dans tes yeux ceux qui nous révèlent
Notre solitude infinie
Ne sont plus ce qu'ils croyaient être

On ne peut te connaître
Mieux que je te connais.

LA BARRE D'APPUI

EGOLIOS

J'entends encore la voix
Ainsi viendra veiller ton oiseau familier
Sur des milliers d'yeux clos

Mon oiseau c'est la chouette
Aux entournures de déesse
La vraie tueuse des couleurs
La chouette au regard précis
Dans la terre meuble de ses plumes

J'y gagne il me la fallait attentive
Au peuple que je réunis.

LE SABLIER VIDE

Offerte au renard parti depuis longtemps
Par les rues encombrées
Reprenant
Ce qu'elle avait donné de plus précieux
Le sang ne tachait plus jamais sa robe
Il y eut plusieurs de ses amis pour le remarquer

Des fleurs pareilles à des souliers
Dans la montagne
Faisant corps avec les roches tendres
Ou bien dans les bois de grande chasse

Dans les buissons proposés aux lumières
Comme un os à la gueule éblouissante des chiens
Une toute petite maison cartilage
Fascinait encore quelques crocs nouveaux
Tendus vers la première proie

Au milieu de la salle d'honneur désaffectée
De grands bambins croissaient
Encouragés par leurs nourrices et leurs mamans
Des saintes obscènes

Ils ressemblaient à des dindons géants
Leurs coquilles natales à leurs pieds

Les tulipes des cafés se fanaient
Je répète qu'il était huit heures du matin
Une heure à s'en aller par les rues maintenant vides
Comme des cendriers propres.

ET QUEL ÂGE AVEZ-VOUS?

Parlons de la jeunesse
Perdons notre jeunesse
Rions d'elle elle rit
La tête à la renverse
Rire est plus fort que dire

Les formes fines qui nous tentent
Encore
Ces formes hypocrites
Si changeantes si mal fardées
Devant elles
Nos mains de beurre frais
Sont embarrassées
Et nos lèvres de bronze
Immortalisées par le chant
Honteuses
Balbutient des adieux
Incompréhensibles

Une scie qui se brise.

AU PRÉSENT

Sans chansons depuis longtemps
Fleurs cultivées fleurs à vendre
O les belles vertus abstraites

On a beau se laver on ne se voit plus
Bien tranquille dormir dans un lit de cendres
A l'abri de tous les lendemains

Il n'y a plus de sortie
Plus de jour entre les maisons
A chaque fenêtre une blatte dort
Le bonheur a pris la mort pour enseigne

Les jeunes aux charmes renversants
Et les vieux aux chaînes puantes
Qu'ils se ressemblent
Les autres s'éveillent malgré eux
Leur front leur ventre sont ridés
Mais le feu les attire encore

Hors de tout sauf de la misère
Alerte ils ne veulent pas croire
A l'immobilité de leur sang.

LES MAÎTRES

Au fort des rires secoués
Dans un cuvier de plomb
Quel bien-être d'avoir
Des ailes de chien
Qui tient un oiseau vivant dans sa gueule

Allez-vous faire l'obscurité
Pour conserver cette mine sombre
Ou bien allez-vous nous céder
Il y a de la graisse au plafond
De la salive sur les vitres
La lumière est horrible

O nuit perle perdue
Aveugle point de chute où le chagrin s'acharne.

EN VASE CLOS

Tout il nous faut ramener tout
A ce moment de compagnie mêlée
Évidée par les murs protecteurs

Dans ce globe d'herbes tiraillées
Par des oiseaux d'orgie
Si prétentieusement inspirés des rayures
De cette fausse prison
Que fait la blonde assise
Voiles bisées à bloc
Pour réduire les nombres

Extrême marche
Ce ne sera pourtant pas pour aujourd'hui
File le plomb galère

La faible cloche des poisons
Ne parvient pas jusqu'ici
Ici l'on ferme ses yeux sur l'homme et sur la femme
Venez tailler le bois de rose de la nuit
Et lui sculpter des fleurs faciles
Toutes à l'image d'un désir

Ce que vous avez de bon de mieux de délectable
C'est juste nous voulons le cacher des étoiles.

CHASSÉ

Quelques grains de poussière de plus ou de moins
Sur des épaules vieilles
Des mèches de faiblesse sur des fronts fatigués
Ce théâtre de miel et de roses fanées
Où les mouches incalculables
Répondent aux signes noirs que leur fait la misère
Poutres désespérantes d'un pont
Jeté sur le vide
Jeté sur chaque rue et sur chaque maison
Lourdes folies errantes
Que l'on finira bien par connaître par cœur
Appétits machinaux et danses détraquées
Qui conduisent au regret de la haine

Nostalgie de la justice.

Une foule toute noire qui va à reculons
La bêche entre dans le sol mou
Comme une fille fraîche dans des draps déjà chauds
La lune noie la nuit
Force reste pourtant aux preuves de la vie.

GRAND AIR

DURER

Une rafale une seule
D'horizon à horizon
Et ainsi sur toute la terre
Pour balayer la poussière
Les myriades de feuilles mortes
Pour dépouiller tous les arbres
Pour dévaster les cultures
Pour abattre les oiseaux
Pour éparpiller les vagues
Pour détruire les fumées
Pour rompre l'équilibre
Du soleil le plus chaud
Fuyante masse faiblesse
Monde qui ne pèse rien
Monde ancien qui m'ignore
Ombre affolée
Je ne serai plus libre que dans d'autres bras.

ÊTRE

Le front comme un drapeau perdu
Je te traîne quand je suis seul
Dans des rues froides
Des chambres noires
En criant misère

Je ne veux pas les lâcher
Tes mains claires et compliquées
Nées dans le miroir clos des miennes

Tout le reste est parfait
Tout le reste est encore plus inutile
Que la vie

Creuse la terre sous ton ombre

Une nappe d'eau près des seins
Où se noyer
Comme une pierre.

JE CROYAIS LE REPOS POSSIBLE

Une ruine coquille vide
Pleure dans son tablier
Les enfants qui jouent autour d'elle
Font moins de bruit que des mouches

La ruine s'en va à tâtons
Chercher ses vaches dans un pré
J'ai vu le jour je vois cela
Sans en avoir honte

Il est minuit comme une flèche
Dans un cœur à la portée
Des folâtres lueurs nocturnes
Qui contredisent le sommeil.

ONDÉE

Belle sans la terre ferme
Sans parquet sans souliers sans draps
Je te néante.

RIDEAU

Une roulotte couverte en tuiles
Le cheval mort un enfant maître
Pensant le front bleu de haine
A deux seins s'abattant sur lui
Comme deux poings

Ce mélodrame nous arrache
La raison du cœur.

LA TÊTE CONTRE LES MURS

Ils n'étaient que quelques-uns
Sur toute la terre
Chacun se croyait seul
Ils chantaient ils avaient raison
De chanter
Mais ils chantaient comme on saccage
Comme on se tue

Nuit humide râpée
Allons-nous te supporter
Plus longtemps
N'allons-nous pas secouer
Ton évidence de cloaque
Nous n'attendrons pas un matin
Fait sur mesure
Nous voulions voir clair dans les yeux des autres
Leurs nuits d'amour épuisées
Ils ne rêvent que de mourir
Leurs belles chairs s'oublient
Pavanes en tournecœur
Abeilles prises dans leur miel
Ils ignorent la vie

Et nous en avons mal partout
Toits rouges fondez sous la langue
Canicule dans les lits pleins
Viens vider tes sacs de sang frais
Il y a encore une ombre ici
Un morceau d'imbécile là
Au vent leurs masques leurs défroques
Dans du plomb leurs pièges leurs chaînes
Et leurs gestes prudents d'aveugles
Il y a du feu sous roche
Pour qui éteint le feu

Prenez-y garde nous avons
Malgré la nuit qu'il couve
Plus de force que le ventre
De vos sœurs et de vos femmes
Et nous nous reproduirons
Sans elles mais à coups de hache
Dans vos prisons

Torrents de pierre labours d'écume
Où flottent des yeux sans rancune
Des yeux justes sans espoir
Qui vous connaissent
Et que vous auriez dû crever
Plutôt que de les ignorer

D'un hameçon plus habile que vos potences
Nous prendrons notre bien où nous voulons qu'il
    soit.

HORS DE LA MASSE

Une fenêtre en face
Est un trou noir
Un linge blanc s'en échappe
De perfection en perfection
De ciel en ciel
L'or têtu jette sa semence

Au son crevé des midis creux
Sur la fourchette des putains
Un bec de viande gonfle un air
D'usure et de cendres froides
La solitude des putains

Elles se cassent les vertèbres
A dormir debout et sans rêves
Devant des fenêtres ouvertes
Sur l'ombre coriace d'un linge.

A PABLO PICASSO

I

Bonne journée j'ai revu qui je n'oublie pas
Qui je n'oublierai jamais
Et des femmes fugaces dont les yeux
Me faisaient une haie d'honneur
Elles s'enveloppèrent dans leurs sourires

Bonne journée j'ai vu mes amis sans soucis
Les hommes ne pesaient pas lourd
Un qui passait
Son ombre changée en souris
Fuyait dans le ruisseau

J'ai vu le ciel très grand
Le beau regard des gens privés de tout
Plage distante où personne n'aborde

Bonne journée qui commença mélancolique
Noire sous les arbres verts

Mais qui soudain trempée d'aurore
M'entra dans le cœur par surprise.

15 mai 1936.

II

Montrez-moi cet homme de toujours si doux
Qui disait les doigts font monter la terre
L'arc-en-ciel qui se noue le serpent qui roule
Le miroir de chair où perle un enfant
Et ces mains tranquilles qui vont leur chemin
Nues obéissantes réduisant l'espace
Chargées de désirs et d'images
L'une suivant l'autre aiguilles de la même horloge

Montrez-moi le ciel chargé de nuages
Répétant le monde enfui sous mes paupières
Montrez-moi le ciel dans une seule étoile
Je vois bien la terre sans être ébloui
Les pierres obscures les herbes fantômes
Ces grands verres d'eau ces grands blocs d'ambre des
   paysages
Les jeux du feu et de la cendre
Les géographies solennelles des limites humaines

Montrez-moi aussi le corsage noir
Les cheveux tirés les yeux perdus
De ces filles noires et pures qui sont d'ici de passage
   et d'ailleurs à mon gré

Qui sont de fières portes dans les murs de cet été
D'étranges jarres sans liquide toutes en vertus
Inutilement faites pour des rapports simples
Montrez-moi ces secrets qui unissent leurs tempes
A ces palais absents qui font monter la terre.

30 août 1936.

BALANCES

I

On promet amour et voyages
Mille nuits de rêve mille sortilèges
Mais c'est à l'oreille des sourds
Au cœur mort des mortels.

II

Les femmes défendues
Qui font les enfants
Et la chaîne
De la joue aux champs
De la main aux branches
De l'eau à l'azur des sauterelles.

III

Une herbe pauvre
Sauvage
Apparut dans la neige
C'était la santé
Ma bouche fut émerveillée
Du goût d'air pur qu'elle avait
Elle était fanée.

IV

Être dix mille entre cent mille
Et jamais un entre dix
La foule dort dans l'ombre
A deux pas d'elle-même
Qui se mêle et se sépare.

V

Il n'y a plus de porte
Part à deux si j'entre où tu es
Si tu sors tu viens avec moi.

VI

D'un vrai port de racines
Équilibré
Sensible
Les feuilles unifiées
Partent

Un oiseau direct ailes aiguisées
Revient pierre d'instinct
A la graine du vol.

VII

Le désert au profit de la sève
Et autres lieux
Pour se croire ici.

CRINIÈRE DE FIÈVRE

Un pavillon rampant
Qui s'avoue plus haut
Que l'inondation
Au pouce foudroyant

La rive est un poisson
De jeux de pièges
Pour affamer en faveur d'Origine
Les arbres debout sur leurs talons
La naine pleine de blé
Descend la pente sur un air absolu

Va s'affaler sur l'herbe
De l'hacienda en flammes
De désastre en désastre
Elle se vêt
D'un tissu de bien-être
D'images lumineuses

Charmé souris d'alcool
Et d'alcôve hiver en couleurs vivantes
Soleil que je peux embrasser.

RENÉ MAGRITTE

Marches de l'œil
A travers les barreaux des formes

Un escalier perpétuel
Le repos qui n'existe pas
Une des marches est cachée par un nuage
Une autre par un grand couteau
Une autre par un arbre qui se déroule
Comme un tapis
Sans gestes

Toutes les marches sont cachées

On a semé les feuilles vertes
Champs immenses forêts déduites
Au coucher des rampes de plomb
Au niveau des clairières
Dans le lait léger du matin

Le sable abreuve de rayons
Les silhouettes des miroirs

Leurs épaules pâles et froides
Leurs sourires décoratifs

L'arbre est teinté de fruits invulnérables.

MA VIVANTE

Je n'ai pas encore assez pavoisé
Le vert et le bleu ont perdu la tête
Tout le paysage est éblouissant
Entre tes deux bras monde sans couleur
Ton corps prend la forme des flammes

A remuer la terre
Et son odeur de rose éteinte
Mains courageuses je travaille
Pour une nuit qui n'est pas la dernière
Mais sûrement la première sans terreurs
Sans ignorance sans fatigue

Une nuit pareille à un jour sans travail
Et sans soucis et sans dégoût
Toute une vie toute la vie
Écoute-moi bien
Tes deux mains sont aussi chaudes l'une que l'autre
Tu es comme la nature
Sans lendemain

Nous sommes réunis par-delà le passé.

OÙ LA FEMME
EST SECRÈTE L'HOMME EST INUTILE

L'indifférence violemment exclue
Tout se jouait
Autour du ventre sans raison et des paroles sans suite
D'une femme faite pour elle-même
Et plus nue que réelle

Elle avait un charme de plus
Que celle dont elle était née
Qui promettait

Recueillait tant de merveilles
Tous les mystères
Dans la lumière écarquillée
Sous son énorme chevelure
Sous ses paupières basses

A voix sourde mêlée de rires
Elle et ses lèvres racontaient
La vie
D'autres lèvres semblables aux siennes
Cherchant leur bien entre elles
Comme des graines dans le vent

La vie aussi
D'hommes qui n'y tenaient guère
De femmes aux chagrins bizarres
Qui se fardent pour s'effacer

Et nul ne comprenait sur quel fond de délices et de
    certitudes
La mémoire future la mémoire inconnue
Jouerait mieux que l'espoir
A jamais joué dans le commun dans l'habituel.

LE FRONT COUVERT

Le battement de l'horloge comme une arme brisée
La cheminée émue où se pâme la cime
D'un arbre dernier éclairé

L'habituel vase clos des désastres
Des mauvais rêves
Je fais corps avec eux

Des ruines de l'horloge
Sort un animal abrupt désespoir du cavalier
A l'aube doublera l'écrevisse clouée
Sur la porte de ce refuge

Un jour de plus j'étais sauvé
On ne me brisait pas les doigts
Ni le rouge ni le jaune ni le blanc ni le nègre
On me laissait même la femme
Pour distinguer entre les hommes

On m'abandonnait au dehors
Sur un navire de délices

Vers des pays qui sont les miens
Parce que je ne les connais pas

Un jour de plus je respirais naïvement
Une mer et des cieux volatils
J'éclipsais de ma silhouette
Le soleil qui m'aurait suivi

Ici j'ai ma part de ténèbres
Chambre secrète sans serrure sans espoir
Je remonte le temps jusqu'aux pires absences
Combien de nuits soudain
Sans confiance sans un beau jour sans horizon
Quelle gerbe rognée

Un grand froid de corail
Ombre du cœur
Ternit mes yeux qui s'entr'ouvrent
Sans donner prise au matin fraternel

Je ne veux plus dormir seul
Je ne veux plus m'éveiller
Perclus de sommeil et de rêves
Sans reconnaître la lumière
Et la vie au premier instant.

LE PONT BRISÉ

à René Char.

La vitre aux veines de pensée
Achève dans une rue interrompue
Sa carrière d'eau pure
La tête aux rires de pensée
Éloigne l'air étroit fredonné dans la rue
La rive aux lèvres de pensée
Baise doucement son reflet
La rive aux lèvres de pensée

La ville va et vient de sommeils en réveils
Les heures estropiées dansent la capucine
Un soleil à ramages enveloppe l'œil d'Inde
Où passent les bateaux qui ne vont nulle part
Des fous en odeur de pensée
Les accompagnent
Le front à vif et le fleuve muet.

UN SOIR COURBÉ

Le vent tirait au faisan
Un œil fermé l'autre en bonds clairs
Bulle d'orage hors chemins
Dépassait la pluie embourbée
Un grand frisson ridait d'acier
La poursuite au fil de son sang

La ville folle qui remet tous les jours ses souliers

N'ai-je pas appris à franchir
D'un climat à l'autre les mois
A la suite les années
J'ai mesuré mon impatience
Aux femmes que j'imaginais

On ne mesure pas le désordre
Pourtant
C'est par la femme que l'homme dure

La forge son vin sous la glace
Au carrefour domptait la nuit
Avide fascinée soumise

Comme aux pointes des seins la robe
Comme la proie à son amant

Ailleurs au contraire
Une vague noire qui comble le cœur

Dans des souterrains infinis
Sensible retour à tâtons
Des serpents continuent leur course
Vers le lait lisse d'un seul jour
Vers la verdure du ciel fixe
Qu'un enfant montrera du doigt

Une aile une seule aile rien qu'une aile
Inutile pénible

J'avais des rêves que les femmes
Éparpillaient de leurs caresses
Pour me reprendre dans leur ombre
Si j'ai commencé par les femmes
Je ne finirai pas par moi.

INTIMES

I

Tu glissés dans le lit
De lait glacé tes sœurs les fleurs
Et tes frères les fruits
Par le détour de leurs saisons
A l'aiguille irisée
Au flanc qui se répète
Tes mains tes yeux et tes cheveux
S'ouvrent aux croissances nouvelles
Perpétuelles

Espère espère espère
Que tu vas te sourire
Pour la première fois

Espère
Que tu vas te sourire
A jamais
Sans songer à mourir.

II

A toutes brides toi dont le fantôme
Piaffe la nuit sur un violon
Viens régner dans les bois

Les verges de l'ouragan
Cherchent leur chemin par chez toi
Tu n'es pas de celles
Dont on invente les désirs

Tes soifs sont plus contradictoires
Que des noyées

Viens boire un baiser par ici
Cède au feu qui te désespère.

III

Quel soleil dans la glace qui fait fondre un œuf
Quelle aubaine insensée le printemps tout de suite.

IV

Figure de force brûlante et farouche
Cheveux noirs où l'or coule vers le sud

Aux nuits corrompues
Or englouti étoile impure
Dans un lit jamais partagé

Aux veines des tempes
Comme aux bouts des seins
La vie se refuse
Les yeux nul ne peut les crever
Boire leur éclat ni leurs larmes
Le sang au-dessus d'eux triomphe pour lui seul

Intraitable démesurée
Inutile
Cette santé bâtit une prison.

v

Je n'ai envie que de t'aimer
Un orage emplit la vallée
Un poisson la rivière

Je t'ai faite à la taille de ma solitude
Le monde entier pour se cacher
Des jours des nuits pour se comprendre

Pour ne plus rien voir dans tes yeux
Que ce que je pense de toi
Et d'un monde à ton image

Et des jours et des nuits réglés par tes paupières.

GRAND AIR

La rive les mains tremblantes
Descendait sous la pluie
Un escalier de brumes
Tu sortais toute nue
Faux marbre palpitant
Teint de bon matin
Trésor gardé par des bêtes immenses
Qui gardaient elles du soleil sous leurs ailes
Pour toi
Des bêtes que nous connaissions sans les voir

Par-delà les murs de nos nuits
Par-delà l'horizon de nos baisers
Le rire contagieux des hyènes
Pouvait bien ronger les vieux os
Des êtres qui vivent un par un

Nous jouions au soleil à la pluie à la mer
A n'avoir qu'un regard qu'un ciel et qu'une mer
Les nôtres.

FACILE

Tu te lèves l'eau se déplie
Tu te couches l'eau s'épanouit

Tu es l'eau détournée de ses abîmes
Tu es la terre qui prend racine
Et sur laquelle tout s'établit

Tu fais des bulles de silence dans le désert des bruits
Tu chantes des hymnes nocturnes sur les cordes de
   l'arc-en-ciel
Tu es partout tu abolis toutes les routes

Tu sacrifies le temps
A l'éternelle jeunesse de la flamme exacte
Qui voile la nature en la reproduisant

Femme tu mets au monde un corps toujours pareil
Le tien

Tu es la ressemblance.

L'ENTENTE

I

Au centre de la ville la tête prise dans le vide d'une
   place
Ne sachant pas ce qui t'arrête ô toi plus forte qu'une
   statue
Tu donnes à la solitude un premier gage
Mais c'est pour mieux la renier

T'es-tu déjà prise par la main
As-tu déjà touché tes mains
Elles sont petites et douces
Ce sont les mains de toutes les femmes
Et les mains des hommes leur vont comme un gant

Les mains touchent aux mêmes choses

Écoute-toi parler tu parles pour les autres
Et si tu te réponds ce sont les autres qui t'entendent
Sous le soleil au haut du ciel qui te délivre de ton ombre
Tu prends la place de chacun et ta réalité est infinie

Multiple tes yeux divers et confondus
Font fleurir les miroirs
Les couvrent de rosée de givre de pollen
Les miroirs spontanés où les aubes voyagent
Où les horizons s'associent

Le creux de ton corps cueille des avalanches
Car tu bois au soleil
Tu dissous le rythme majeur
Tu le redonnes au monde
Tu enveloppes l'homme

Toujours en train de rire
Mon petit feu charnel
Toujours prête à chanter
Ma double lèvre en flammes

Les chemins tendres que trace ton sang clair
Joignent les créatures
C'est de la mousse qui recouvre le désert
Sans que la nuit jamais puisse y laisser d'empreintes
    ni d'ornières
Belle à dormir partout à rêver rencontrée à chaque
    instant d'air pur
Aussi bien sur la terre que parmi les fruits des bras
    des jambes de la tête
Belle à désirs renouvelés tout est nouveau tout est
    futur
Mains qui s'étreignent ne pèsent rien
Entre des yeux qui se regardent la lumière déborde
L'écho le plus lointain rebondit entre nous

Tranquille sève nue
Nous passons à travers nos semblables
Sans nous perdre

Sur cette place absurde tu n'es pas plus seule
Qu'une feuille dans un arbre qu'un oiseau dans les
  airs
Qu'un trésor délivré.

II

Ou bien rire ensemble dans les rues
Chaque pas plus léger plus rapide
Nous sommes deux à ne plus compter sur la sagesse
Avoue le ciel n'est pas sérieux
Ce matin n'est qu'un jeu sur ta bouche de joie
Le soleil se prend dans sa toile

Nous conduisons l'eau pure et toute perfection
Vers l'été diluvien
Sur une mer qui a la forme et la couleur de ton corps
Ravie de ses tempêtes qui lui font robe neuve
Capricieuse et chaude
Changeante comme moi

O mes raisons le loir en a plus de dormir
Que moi d'en découvrir de valables à la vie
A moins d'aimer

En passe de devenir caresses
Tes rires et tes gestes règlent mon allure

Poliraient les pavés
Et je ris avec toi et je te crois toute seule

Tout le temps d'une rue qui n'en finit pas.

A LA FIN DE L'ANNÉE,
DE JOUR EN JOUR PLUS BAS,
IL ENFOUIT SA CHALEUR
COMME UNE GRAINE

I

Nous avançons toujours
Un fleuve plus épais qu'une grasse prairie
Nous vivons d'un seul jet
Nous sommes du bon port

Le bois qui va sur l'eau l'arbre qui file droit
Tout marché de raison bâclé conclu s'oublie
Où nous arrêterons-nous
Notre poids immobile creuse notre chemin

Au loin les fleurs fanées des vacances d'autrui
Un rien de paysage suffisant
Les prisons de la liberté s'effacent
Nous avons à jamais
Laissé derrière nous l'espoir qui se consume
Dans une ville pétrie de chair et de misère
De tyrannie

La paupière du soleil s'abaisse sur ton visage
Un rideau doux comme ta peau
Une aile salubre une végétation
Plus transparente que la lune du matin

Nos baisers et nos mains au niveau de nous-mêmes
Tout au-delà ruiné
La jeunesse en amande se dénude et rêve
L'herbe se relève en sourdine
Sur d'innocentes nappes de petite terre

Premier dernière ardoise et craie
Fer et rouille seul à seule
Enlacés au rayon debout
Qui va comme un aveu
Écorce et source redressée
L'un à l'autre dans le présent
Toute brume chassée
Deux autour de leur ardeur
Joints par des lieues et des années

Notre ombre n'éteint pas le feu
Nous nous perpétuons.

II

Au-dessous des sommets
Nos yeux ferment les fenêtres
Nous ne craignons pas la paix de l'hiver

Les quatre murs éteints par notre intimité
Quatre murs sur la terre
Le plancher le plafond
Sont des cibles faciles et rompues
A ton image alerte que j'ai dispersée
Et qui m'est toujours revenue

Un monotone abri
Un décor de partout

Mais c'est ici qu'en ce moment
Commencent et finissent nos voyages
Les meilleures folies
C'est ici que nous défendons notre vie
Que nous cherchons le monde

Un pic écervelé aux nuages fuyants au sourire éternel
Dans leurs cages les lacs au fond des trous la pluie
Le vent sa longue langue et les anneaux de la fraî-
    cheur
La verdure et la chair des femmes au printemps
La plus belle est un baume elle incline au repos
Dans des jardins tout neufs amortis d'ombres tendres
Leur mère est une feuille
Luisante et nue comme un linge mouillé

Les plaines et les toits de neige et les tropiques luxueux
Les façons d'être du ciel changeant
Au fil des chevelures
Et toujours un seul couple uni par un seul vêtement
Par le même désir
Couché aux pieds de son reflet
Un couple illimité.

FACILE EST BIEN

Facile est beau sous tes paupières
Comme l'assemblée du plaisir
Danse et la suite

J'ai dit la fièvre

Le meilleur argument du feu
Que tu sois pâle et lumineuse

Mille attitudes profitables
Mille étreintes défaites
Répétées vont s'effaçant
Tu t'obscurcis tu te dévoiles
Un masque tu l'apprivoises
Il te ressemble vivement
Et tu n'en parais que mieux nue

Nue dans l'ombre et nue éblouie
Comme un ciel frissonnant d'éclairs
Tu te livres à toi-même
Pour te livrer aux autres.

Nous avons fait la nuit je tiens ta main je veille
Je te soutiens de toutes mes forces
Je grave sur un roc l'étoile de tes forces
Sillons profonds où la bonté de ton corps germera
Je me répète ta voix cachée ta voix publique
Je ris encore de l'orgueilleuse
Que tu traites comme une mendiante
Des fous que tu respectes des simples où tu te baignes
Et dans ma tête qui se met doucement d'accord avec
    la tienne avec la nuit
Je m'émerveille de l'inconnue que tu deviens
Une inconnue semblable à toi semblable à tout ce
    que j'aime
Qui est toujours nouveau.

L'ÉVIDENCE POÉTIQUE

LA VIE IMMÉDIATE

Que deviens-tu	21
Belle et ressemblante	22
La saison des amours	23
A perte de vue dans le sens de mon corps	24
A peine défigurée	25
Il n'y a pas la première pierre	26
Par une nuit nouvelle	27
Vers minuit	28
Tous les droits	29
En exil	30
Amoureuses	32
La nécessité	33
Mauvaise mémoire	34
Au revoir	35
Le mal	37

Disparition	38
Nuits partagées	39
La fin du monde	49
Houx douze roses	51
Récitation	53
Les semblables	55
La facilité en personne	57
Objet des mots	58
Yves Tanguy	60
Salvador Dali	62
Max Ernst	64
Le bâillon sur la table	66
La vue	68
Pour un moment de lucidité	70
Maison déserte	72
Le mirage	73
La loi somptuaire	74
La dernière main	75
Quelque bonté	76
Dors	77
Nusch	79
Pardon	80
Tournants d'argile	81
Souvenir affectueux	82
Peu de vertu	83
Le temps d'un éclair	84
Une pour toutes	85

A TOUTE ÉPREUVE

  L'univers-solitude   91
  Confections   101

CRITIQUE DE LA POÉSIE

  Critique de la poésie   113

LA ROSE PUBLIQUE

Comme deux gouttes d'eau   117
Une personnalité toujours nouvelle, toujours diffé-
  rente, l'amour aux sexes confondus dans leur con-
  tradiction, surgit sans cesse de la perfection de
  mes désirs. Toute idée de possession lui est forcé-
  ment étrangère   125
L'objectivité poétique n'existe que dans la succession,
  dans l'enchaînement de tous les éléments subjectifs
  dont le poète est, jusqu'à nouvel ordre, non le
  maître, mais l'esclave   131
La lumière éteinte quand, par hasard, je ne choisis
  pas le petit cheval vert et le petit homme rouge, les
  deux plus familières et brutales de mes créatures
  hypnotiques, je me sers inévitablement de mes
  autres représentations pour compliquer, illuminer
  et mêler à mon sommeil mes dernières illusions de
  jeunesse et mes aspirations sentimentales   139
Ce que dit l'homme de peine est toujours hors de
  propos   143

                                                               247

Bonnes et mauvaises langues prétendent que le mal
    est bien fait. Ainsi, le faux, le négatif obligent la
    vie à se haïr   146

Le ciel souvent se voit la nuit   154

Passer le temps   156

A moudre le chemin au carrefour des regards   158

Rien d'autre que vivre et voir vivre : le jour les yeux
    ouverts, la nuit les yeux fermés, avec, dans l'in-
    tervalle, le geste minimum de mourir   160

Tout aiguisé de soif, tout affamé de froid   162

Je ne cesse pour ainsi dire pas de parler de toi et
    pourtant j'en ai toujours vite fini avec l'essentiel   164

Telle femme, principe de vie, interlocutrice idéale   165

Le baiser   168

Elle se fit élever un palais qui ressemblait à un étang
    dans une forêt, car toutes les apparences réglées de
    la lumière étaient enfouies dans des miroirs, et le
    trésor diaphane de sa vertu reposait au fin fond des
    ors et des émeraudes, comme un scarabée   170

De l'ennui à l'amour   173

Son avidité n'a d'égal que moi   175

AVEC LES MÊMES MOTS

Oser et l'espoir   179

Par un après-midi très froid des premiers jours de
    1713 ou le Monde tel qu'il est   181

Man Ray   183

LES YEUX FERTILES

On ne peut me connaître   187

LA BARRE D'APPUI

Egolios   191
Le sablier vide   192
Et quel âge avez-vous?   194
Au présent   195
Les maîtres   196
En vase clos   197
Chassé   199
Une foule toute noire   200

GRAND AIR

Durer   203
Être   204
Je croyais le repos possible   205
Ondée   206
Rideau   207
La tête contre les murs   208
Hors de la masse   210
A Pablo Picasso   211
Balances   214
Crinière de fièvre   217
René Magritte   218
Ma vivante   220

    249

Où la femme est secrète, l'homme est inutile   221
Le front couvert   223
Le pont brisé   225
Un soir courbé   226
Intimes   228
Grand air   231

FACILE

Tu te lèves   235
L'entente   236
A la fin de l'année, de jour en jour plus bas, il
    enfouit sa chaleur comme une graine   240
Facile est bien   243
Nous avons fait la nuit   244

DU MÊME AUTEUR

Dans la même collection

CAPITALE DE LA DOULEUR, *suivi de* L'AMOUR LA POÉSIE.
  Préface d'André Pieyre de Mandiargues.
POÉSIE ININTERROMPUE.
POÉSIES (1913-1926). *Préface de Claude Roy.*
DONNER À VOIR.
UNE LEÇON DE MORALE.

Ce volume,
le dix-huitième de la collection Poésie
a été achevé d'imprimer sur les presses
de l'imprimerie Bussière à Saint-Amand (Cher),
le 3 janvier 1984.
Dépôt légal : janvier 1984.
1ᵉʳ dépôt légal dans la collection : avril 1967.
Numéro d'imprimeur : 124.

ISBN 2-07-030096-X/Imprimé en France.

33059